문·이과 선택에서
유망 학과 결정까지

좋아하는
과목으로
진로를 찾아라

문·이과 선택에서
유망 학과 결정까지

좋아하는
과목으로
진로를 찾아라

김상호 지음

노란우산

진로 탐색, 문제는 방향이다

우리는 세상을 이해하기 위해 직접경험과 간접경험을 한다. 직접경험은 어떤 일에 직접 부딪쳐서 얻는 경험이고, 간접경험은 직접 체험하여 얻는 것이 아닌 언어나 문자 따위를 매개로 하여 얻는 경험이다. 인간은 유한한 존재이며 시간과 공간의 제약 속에서 살아갈 수밖에 없다. 따라서 직접경험은 제약이 너무 많다.

하지만 간접경험은 직접경험의 제약을 뛰어넘는다. 우리는 주로 책을 통해 간접경험을 한다. 책은 시간과 공간을 가로지르는 배와 같다. 시간과 공간에서 이뤄진 수많은 경험이 책에 담겨 있다. 책은 인류가 만들어 낸 경험의 기록이다. 우리는 책을 통해 시행착오를 줄일 수 있다. 또한 책은 한 사람의 진로뿐만 아니라 인류 전체의 진로 탐색에 있어 가장 좋은 도구라 할 수 있다.

이런 관점에서 볼 때 중·고등학교에서 사용하는 교과서는 인류의 지식을 가장 잘 요약한 책이며, 학생들의 진로 탐색에 많은 영향을 미칠 수 있는 중요한 도구다. 직접경험이 부족한 학생들에게 교과서는 '세상을 바라보는 창'이며, 가장 자주 접하는 경험이기 때문이다. 어떤 과목에 흥미를 느끼는지, 그 과목을 왜 배우는지, 그 과목과 관련된 전공이나 학과가 무엇인지, 그리고 관련된 직업들이 무엇인지 안다면 진로 탐색이 수월할 것이다.

좋아하는 과목으로 진로를 찾는 일은 관심과 흥미가 생기는 과목을 통해 진로를 찾는 것만을 뜻하는 건 아니다. 좋아하는 과목이라고 해서 반드시 성적이 잘 나오는 것은 아니며, 성적이 잘 나온다고 해서 그 과목에 흥미가 있다고 단정 지어서도 안 된다. 또한 특정 과목에 흥미도 있고 성적까지 잘 나온다 하더라도 그 분야와 관련한 직업이 본인에게 적합하지 않을 수도 있다. 예를 들어 음악적 재능도 있고 음악 과목을 좋아하더라도 집안 형편이 좋지 않다면, 자신의 진로를 순수음악 분야로 설정하는 것은 결코 바람직하다고 말할 수 없다.

진로를 설정할 때는 적성과 흥미뿐 아니라 다양한 요인을 함께 고려해야 한다. 다시 말해 과목별 성적, 개인적 환경, 학과나 직업 전망 등을 종합적으로 고려해 진로의 방향을 잡아야 한다. 그리고 좋아하는 과목과 관련한 학과나 직업을 무조건 선택할 필요는 없다. 흥미나 관심은 수많은 고려 사항 가운데 하나일 뿐이다. 이 책에서 제시한 각 과목별 관련 대학계열 분야 및 학문적 특성 등을 참고해 현명하게 선택하기 바란다.

독일의 대문호 헤르만 헤세의 대표적 작품인 《데미안》에 "새는 알에서 나오려고 투쟁한다. 알은 세계이다. 태어나려는 자는 하나의 세계를 깨뜨

려야 한다. 새는 신에게로 날아간다. 신의 이름은 압락사스다"라는 문장이 있다. 사실 새가 태어나기 전에 알은 새에게 세상의 전부다. 우물 속 개구리에게 우물이 모든 세상인 것과 같다. 알이란 좁은 세상을 깨고 나왔다면, 어디로 향해야 할까? 이 질문을 통해 진로라는 고민이 시작된다. 무작정 열심히 공부만 하면 되는, 알이란 세상에 익숙한 학생들에게 이 책이 알 밖 세상의 중요한 나침반이 되기를 희망한다.

김상호

|2장| 계열별 특성을 알면 진로가 보인다

|3장| 문과계열 과목으로 진로 찾기

|4장| 예체능계열 과목으로 진로 찾기

|5장| 이과계열 과목으로 진로 찾기

| 부록 | 한눈에 보는 직업 전망과
학과(전공) 돋보기

1장

진로 탐색의 시작, '지피지기'하라

| 1 |

열 길 물속은 알아도
한 길 사람 속은 모른다

진로에 있어 처음 맞닥뜨리는 고민은 매우 쉬우면서도 어렵다. 흔히 직장인들이 중국 음식점에서 달콤한 감칠맛이 있는 자장면을 먹을까, 국물이 얼큰한 짬뽕을 먹을까를 두고 고민하는 것처럼, 청소년들이 진로에 대해 갖는 첫 번째 고민은 나는 문과 성향일까, 이과 성향일까 하는 것이다. 대부분의 학생은 수학과 과학 과목을 좋아하면 이과를 택하고, 국어와 사회 과목에 관심이 많으면 문과를 택한다. 그리고 적성검사 결과와 과목별 성적, 특기사항(자격증, 입상경험 등) 등을 고려해 문과와 이과를 결정하기도 한다.

물론 문과나 이과 성향이 명백하게 드러나는 학생의 경우에는 진로를 선택하는 데 별 어려움이 없다. 하지만 적성검사 결과 문과와 이과의 성향이 모호하거나, 국어보다 수학을 좋아하는데 수학 성적이 국어 성적보다 낮은 경우처럼 선호하는 과목의 성적이 잘 나오지 않으면 고민이 많아진다.

나는 문과 스타일, 이과 스타일?

나무만 보지 말고, 숲을 보라는 말을 많이 들어 봤을 것이다. 다들 알고 있는 말이나 실천하기가 쉽지 않다. 토양이 좋고 햇빛이 잘 들면 그 숲에 있는 나무들은 잘 자랄 수 있다. 반면 숲의 토양이 오염되고 기후가 나빠지면 몇몇 나무를 제외한 대부분의 나무는 잘 성장하기 힘들다.

진로 탐색에 있어서도 마찬가지다. 많은 학생이 유망 직업이나 학과에는 관심이 많으나 학과계열은 소홀히 다루는 경향이 있다. 학과는 바꿀 수 있어도 계열은 일단 선택하면 변경하기가 어렵다. 예를 들어 경제학과에서 경영학과로 변경하기는 쉬워도 상경계열에서 의약계열로 변경하기는 어렵다. 계열을 변경할 경우 과거에 배웠던 지식이나 기술 등이 무용지물이 될 수 있으며, 새롭게 배워야 할 과목이 많아 학업 부담이 크다.

대학에서 학과계열은 크게 인문계열, 사회계열, 교육계열, 예체능계열, 자연계열, 공학계열, 의약계열로 구분할 수 있다. 먼저 자신의 성향이 문과인지 이과인지 확인해 본 뒤 학과계열을 정한 다음 관심 학과, 희망 직업 등의 문제로 좁혀 가면서 진로 탐색을 하면 진로를 결정하기가 훨씬 수월할 것이다.

우선 문과 학문과 이과 학문의 특성부터 파악해 보자. 문과는 사람이 주된 탐구 대상이다. 즉 사람과 사람 사이의 관계성, 언어, 사람에 대한 교육,

16

사람의 생각과 마음 등을 연구하는 학문이다. 반면 이과는 자연이 주된 탐구 대상이다. 사물, 동물, 자연 등이 어떻게 변화하고 어떠한 특성을 가졌는지 연구하는 학문이다.

이 둘의 근본적 차이를 쉽게 이해할 수 있는 속담이 바로 "열 길 물속은 알아도 한 길 사람 속은 모른다"이다. 이 속담은 두 학문 세계의 특성을 정확히 함축한 표현이라 할 수 있다.

예를 들어 테이블 위에 놓인 와인 잔을 툭 쳐서 콘크리트 바닥에 떨어뜨리면 어떻게 될까? '깨진다'라는 정답이 나온다. 하지만 옆자리에 앉은 사람을 툭 치면 어떻게 될까? 다양한 유형의 답이 나온다. '왜요?'라고 질문하는 사람도 있을 것이고, 대꾸를 안 하는 사람도 있을 것이고, 성질이 사나운 사람이라면 주먹다짐을 할 수도 있다. 한마디로 정답이 없다.

여기서 계열 특성과 관련한 중요한 사실이 발견된다. 사람을 대상으로 공부하는 문과계열 및 예체능계열은 정답이 없거나 다양한 반면, 자연이나 사물을 대상으로 공부하는 이과계열은 정답이 있다는 점이다. 정답이 있다는 것은 누가 하든지, 언제 하든지 똑같은 결과가 나타나는 것이다. 이를 '반복성과 재현성'이라고 하는데, 이는 이과계열의 핵심적 특성이다. 과학자들은 반복성과 재현성을 위해 끝없이 반복적 실험을 한다. 그래서 이과는 정답이 똑떨어지는 수학이라는 방법을 많이 사용하고, 수학이나 물리를 좋아하는 학생들이 주로 이과를 선택한다.

흔히 창의력은 이과와 연관성이 많다고 생각한다. 뭔가 새로운 것을 개발하려면 창의력이 높아야 한다고 생각하기 때문이다. 하지만 이과는 창의성보다는 인내력이 중요하다. 반복성과 재현성에 따라 정답을 찾아내려면 비슷한 작업을 계속해서 반복해야 하기 때문이다.

반면 문과계열이나 예체능계열은 다양한 답의 원인을 유추하고 상상하는 능력이 필요하다. 정답보다 오히려 생각지도 못한 기발한 대답이나 반응을 찾아내는 것이 중요하기 때문이다. 예를 들어 어떤 소설에 누구나 상식적으로 생각할 수 있는 인간의 반응이 반복적으로 표현되어 있다면 얼마나 재미가 없겠는가? "How are you?"라는 질문에 "Fine, thank you." 라고 모두가 답한다면 세상 사람은 기계처럼 되어 버릴 것이다.

그래서 문과계열 및 예체능계열은 독창적인 답을 만들어 내는 것을 좋아한다. 다시 말해 창의력을 발휘할 기회는 이과보다 문과가 많다. 음악, 미술, 문학, 영화 등 창작과 관련한 학과들이 대표적이다. 그 외에도 상경계열의 경우 수시로 마케팅 계획이나 기획안을 만들어야 하므로 창의력을 요구하는 직무를 수행할 빈도가 높다.

문과와 이과의 이러한 특성이 대학에서의 전공학과 학업 과정 및 직업생활에도 반영되어 드러난다는 사실을 미리 알고 있으면, 나중에 적성에 안 맞아 후회할 일이 줄어들 것이다.

문과와 이과의 또 다른 차이는 실용성이다. 이과는 상대적으로 문과에 비해 실용성이 높다. 예를 들어 사람은 밥(농업계열) 먹고, 옷(의류계열) 입고, 집(건축계열) 짓고, 아프면 병원(의약계열)에 가야 살 수 있다. 하지만 책(문학계열)이나 노래(음악계열)는 없어도 생존하는 데 지장이 없다. 실용성이 높다는 것은 현실적으로 쓰임이 많다는 것을 의미한다. 그렇기 때문에 문과 졸업생보다 이과 졸업생이 취업이 잘되고 임금도 높다. 따라서 현실적 가치와 실용적 가치를 강조하는 성격이라면 이과가 상대적으로 유리하다.

| 전공 계열별 기초 통계 분석 |

전공 대분류	최종 학력	소득지수 (높을수록 소득이 높음)	학력지수 (높을수록 학력이 높음)	근속연수지수 (높을수록 고용이 안정됨)	근로시간지수 (높을수록 일이 많음)
인문계열	2~3년제 대학	61	86	68	100
	4년제 대학 이상	84	101	97	96
사회계열	2~3년제 대학	67	86	74	103
	4년제 대학 이상	105	99	105	100
교육계열	2~3년제 대학	56	87	90	98
	4년제 대학 이상	94	101	110	107
예체능계열 및 기타	2~3년제 대학	58	86	56	105
	4년제 대학 이상	79	99	80	96
자연계열	2~3년제 대학	64	86	73	106
	4년제 대학 이상	91	100	91	99
공학계열	2~3년제 대학	79	86	84	107
	4년제 대학 이상	111	100	102	104
의약계열	2~3년제 대학	67	90	70	103
	4년제 대학 이상	118	102	102	101
문과계열 총평균	2~3년제 대학	62	86	72	103
	4년제 대학 이상	95	100	100	98
이과계열 총평균	2~3년제 대학	75	87	80	106
	4년제 대학 이상	107	101	99	102
전체 총평균	2~3년제 대학	69	86	77	105
	4년제 대학 이상	100	100	100	100

* 자료 : 한국고용정보원의 산업별·직업별 고용구조조사를 가공하여 작성한 것이다. 각 지수는 4년제 대학 이상 졸업을 100으로 보았다. 100보다 클 경우 평균보다 높고, 100 이하일 경우 평균보다 낮다(소수점 이하는 버렸다). 아울러 문과계열 총평균에는 예체능계열도 포함되었다.

수학과 과학을 두려워하지 마라

세상사 얻는 것이 있으면 잃는 것이 있게 마련이다. 상대적으로 취업이나 임금 등에서 유리한 이과를 선택하자니 수학이나 과학 과목을 공부하기가 어렵다. 그래서 수학이나 과학을 못하는 학생들은 이과를 선택하기가 쉽지 않다.

그런데 이는 잘못된 교육의 영향이 크다. 수학과 과학은 처음에는 어렵지만, 알면 알수록 재미있고 쉬워지는 특성이 있다. 왜냐하면 자연은 처음에는 이해하기 어렵지만 알고 나면 언제 어디서나 동일하게 반복 재현되기 때문이다. 오히려 사람을 대상으로 하는 문과의 경우 알면 알수록 이해하기가 어렵고 정답이 없다. 그래서 사람을 상대하는 일이 스트레스가 더 많다는 사실을 알아야 한다. 그러니 수학과 과학을 너무 두려워하지 말기 바란다.

청소년기의 판단은 미숙한 경우가 많다. 일시적인 흥미나 선호하는 경향에 너무 많은 의미를 부여하면 판단 착오를 일으키기 쉽다. 가장 흔한 사례가 무턱대고 영화배우나 가수가 되겠다고 생각하는 것이다. 연예인은 학창 시절 누구나 한 번쯤 일시적으로 흥미를 갖게 되는 직업이다.

나를 객관적으로 바라볼 때 진정한 내가 보인다. 예를 들어 청소년기에는 대개 짬뽕보다 자장면을 선호하지만 연륜이 쌓이면 짬뽕에 대한 상대적 선호가 높아진다. 어릴 때는 단맛을 즐기지만, 나이가 들수록 매운맛이 더 맛있게 느껴지기 때문이다. 이와 마찬가지로 내가 선호하는 선택도 시간이 지나면 변한다는 사실을 인식해야 한다. 지금 나의 생각을 너무 고집하지 말고,

객관적으로 내 모습을 들여다보려 할 때 진정한 나의 스타일이 보일 것이다. 참고로 경청 및 독서는 나 자신을 객관화할 수 있는 좋은 방법이다.

문과 스타일인지, 이과 스타일인지에 대한 진단은 이 책을 통해, 대학계열과 학과 및 교과목 관련 직업에 대한 이해가 넓어진 이후에 찬찬히 해 보는 것이 보다 효과적이다.

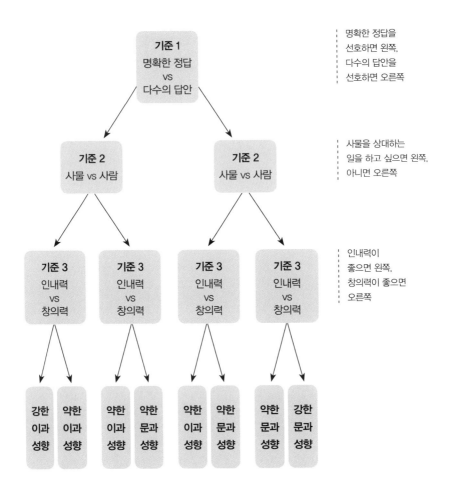

| 초간단 문과 이과 테스트 |

기준 1
명확한 정답
vs
다수의 답안

명확한 정답을
선호하면 왼쪽,
다수의 답안을
선호하면 오른쪽

기준 2
사물 vs 사람

기준 2
사물 vs 사람

사물을 상대하는
일을 하고 싶으면 왼쪽,
아니면 오른쪽

기준 3
인내력
vs
창의력

기준 3
인내력
vs
창의력

기준 3
인내력
vs
창의력

기준 3
인내력
vs
창의력

인내력이
좋으면 왼쪽,
창의력이 좋으면
오른쪽

강한
이과
성향

약한
이과
성향

약한
이과
성향

약한
문과
성향

약한
이과
성향

약한
문과
성향

약한
문과
성향

강한
문과
성향

| 2 |
직업 가계도를 그리면
진로가 보인다

1865년 그레고어 멘델이 완두콩을 사용해 유전자의 개념을 제창한 이후, 1953년 제임스 왓슨과 프랜시스 크릭이 DNA의 이중나선 구조를 밝혀냈으며, 2003년에는 '인간 게놈 프로젝트'가 완성되는 등 유전공학은 눈부신 발전을 이루어왔다. 작은 완두콩에서 시작한 유전공학은 생로병사의 비밀부터 사람의 성격, 감정, 신체 등에 이르기까지 유전자가 어떻게 영향을 미치는지를 과학적으로 밝혀내고 있다.

인간이 유전과 환경에 영향을 받는 것은 부인할 수 없는 사실이다. 그런데 과연 유전과 환경은 인간에게 얼마나 영향을 줄까? 결론부터 말하면 성격과 지능의 절반가량은 부모로부터 물려받지만, 나머지 절반가량은 환경의 영향을 받는다. 나머지 절반을 보다 자세히 살펴보면 친구, 교사, 질병 등의 공유되지 않는 환경에서 30~35%의 영향을 받고, 가정이나 어머

니와의 관계 등과 같이 공유되는 환경에서 5~10%의 영향을 받는다고 한다. 유전과 환경이 영향을 미친 사례는 무수히 많다.

양자역학을 정립했으며, 원자구조론 연구 업적으로 1922년 노벨 물리학상을 받은 닐스 보어는 유명한 과학자 집안에서 태어났다. 아버지 크리스티안 보어는 저명한 생리학 교수였으며, 동생 하랄 보어는 유명한 수학자이다. 또한 그의 아들인 아게 보어도 원자핵에 관한 연구로 1975년 노벨 물리학상을 받았다. 그리고 리키 가족은 인류의 조상이 아프리카에서 시작되었다는 사실을 밝혀냈다. 루이스 리키, 메리 리키, 그 사이에서 태어난 리처드 리키 모두가 오늘날 고고학과 인류학에 지대한 공헌을 했다. 그리고 노벨 물리학상을 받았으며, 아인슈타인 이후 최고의 물리학 천재라고 불렸던 리처드 파인만 역시 과학을 좋아하는 아버지 멜빌 파인만의 영향을 받았다.

외국에만 이런 사례가 있는 것은 아니다. 우리나라에서도 많이 찾아볼수 있다. 캠브리지 대학교 경제학과 장하준 교수의 아버지인 장재식 씨는 한국주택은행장과 산업자원부 장관을 역임했으며, 동생인 장하석 씨는 런던대학교 교수다. 그리고 세계적인 지휘자인 정명훈 씨의 가족은 모두가음악가다. 누나인 정명화 씨는 첼리스트고, 정경화 씨는 바이올리니스트다. 이들 남매를 '정트리오'라고 부르기도 한다. 궁중음식의 대가이자 인간문화재였던 황혜성 씨의 세 딸은 다들 내로라하는 요리연구가다. 한복려씨는 궁중음식연구원 원장이고, 한복선 씨는 한복선식문화연구원 원장이며, 한복진 씨는 전주대학교 전통음식문화전공 교수다.

파랑새는 가까운 곳에 있다

학교에서 학생들의 진로를 지도할 때 가장 많이 이용하는 방법은 적성검사다. 그런데 적성검사 못지않게 중요하게 고려해야 할 사항이 가족의 직업이나 전공 등의 이력이다. 위 사례에서 알 수 있듯이 특히 직업적으로 성공한 사람의 이력을 주의 깊게 살펴보아야 한다. 예를 들어 가족 가운데 건축으로 성공한 사람이 많다면 자신에게도 그 능력이 잠재할 가능성이 높다.

가족이 같은 직업이나 유사한 일을 하면 성공할 확률이 높다. 왜 그럴까? 가족은 유전적 유사성도 매우 높지만 환경적 유사성이 높기 때문이다. 유전적 유사성은 신체 특성, 성격, 지능, 감성 등의 각종 직업 능력, 학습 능력에 영향을 미칠 뿐만 아니라 성공에도 많은 영향을 미친다. 예를 들자면 가족이 미리 형성한 인적 네트워크가 자연스럽게 자신에게 연결되기 때문에 성공 가능성을 높일 수 있으며, 부모가 어렵게 형성한 성공 노하우를 자식은 쉽게 전수받을 수 있다.

이런 긍정적인 면이 많은데도 사람들은 진로라는 문제에 있어서 자신만의 파랑새를 너무 먼 곳에서 찾으려 한다. 벨기에의 작가 모리스 마테를링크가 쓴 〈파랑새〉는 우리에게 아주 귀한 인생의 진리를 들려준다. 파랑새(행복의 상징)를 찾아 멀리 여행을 떠난 남매는 파랑새를 찾아 세상을 헤매지만 결국 빈손으로 집에 돌아온다. 그런데 다음날 아침 잠에서 깬 남매는 집 문에 매달린 새장 안에 있던 새가 바로 파랑새라는 사실을 깨닫는다. 작가는 우리에게 행복은 먼 곳이 아닌 가까운 곳에 있다는 이야기를 해준 것이다.

'파랑새 찾기'를 '진로 찾기'에 적용하면 다음과 같은 이야기가 된다.

'한 청년이 자신의 적성을 찾아 멀리 세계일주 여행을 떠났지만 아무런 성과도 얻지 못하고 집에 돌아온다. 그는 우선 아버지가 하는 일을 배워 보기로 마음먹는다. 그런데 열심히 일하다 보니 그동안 그렇게 초라하고 보잘것없어 보였던 그 일에 바로 자신의 적성이 있음을 깨닫는다.'

이처럼 부모의 직업과 가업을 이어받으면 수많은 백 년의 기업, 백 년의 가게들이 생겨난다. 2011년 1월 첫 방송을 시작해 높은 시청률을 자랑하며 총 62부작으로 막을 내린 시사 · 교양 프로그램 〈백년의 가게〉는 부모의 직업과 가업을 이어받아 장수 가게(기업)로 성장할 수 있었던 경영 비밀을 추적했다. 메밀국수(일본의 오와리야), 가위(중국의 장쇼우헨), 우산(오스트리아의 키르히탁), 여관(일본의 호시료칸), 목각인형(독일의 뮐러), 타이어(프랑스의 미쉐린), 카메라(독일의 라이카) 등 다양한 분야에서 성공한 유서 깊은 기업들이 소개되었다.

이들 기업에서 발견되는 성공 요인은 가업 승계, 장인 정신, 신뢰 구축으로 요약된다. 사실 가족은 가장 신뢰할 수 있는 집단이며 유전적 요인이 유사하므로 직업에 대한 소명의식이 승계될 경우 강한 장인 정신으로 연결된다. 가업을 승계하는 사람이 많아지면 한 개인의 진로 찾기란 문제가 해결될 뿐만 아니라, 국가 차원에서의 중소기업 육성을 통한 일자리 창출이라든지 핵가족화로 약해진 가족 간의 유대 강화 등의 효과도 얻을 수 있다. 다시 말해 가족 간의 강한 신뢰와 공통의 직업적 관심사는 매우 강력한 기업적 · 직업적 경쟁력이 될 수 있다.

직업 가계도 그리기

문과와 이과 어떤 것을 선택해야 할지, 대학에서 어떤 계열을 선택해야 할지 고민스러운 학생들은 유전적 그리고 환경적으로 본인과 일치도가 높은 가족들의 직업 가계도를 그려 보고 진로를 탐색해 보기 바란다.

다음 페이지 그림을 보고 자신의 직업 가계도를 작성한 뒤 그다음 페이지 표에 기입된 내용을 살펴보면 내게 맞는 진로를 탐색할 수 있을 것이다.

직업 가계도는 확률적·유전적·환경적으로 일치도가 높은 가족들의 직업을 살펴봄으로써 나의 진로를 탐색하는 데 도움을 주기 위해 만든 것이다. 하지만 성격과 지능의 절반가량은 부모로부터 같은 유전자를 물려받아 일치할 수 있고 환경적으로도 유사할 수 있으나, 공유되지 않는 환경의 영향도 30~35%나 되므로 각자 다른 유전자가 더 발달하여 적성이 다를 수도 있다. 다시 말해 유전적으로 거의 유사한 일란성 쌍둥이인데도 다른 직업을 가질 확률 또한 높으므로, 직업 가계도를 진로 탐색 도구 가운데 하나로 참고하기 바란다.

| 직업 가계도 |

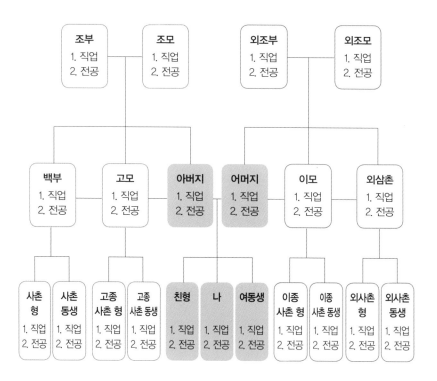

가족명	전공계열		직업명
	문과	이과	

작성 요령

1. 전공계열은 대졸의 경우 문과는 인문·어문계열, 사회계열, 교육계열, 예체능계열로 구분하고, 이과는 자연계열, 공학계열, 의약계열 등으로 구분하여 기입한다. 고졸인 경우 문과는 인문계열, 이과는 정보계열, 농과계열, 공업계열 등으로 구분하여 기입한다.

2. 직업명은 대표적 직업(오래 종사한 직업 또는 성공한 직업)을 기입한다. 대표적 직업이 없는 경우에는 전공계열만 기입한다.

3. 촌수가 3촌을 넘는 경우(예: 삼촌, 고모, 이모, 사촌 등)에는 성공한 직업 명칭과 전공계열을 기입한다.

4. 직업 가계도에서 문과계열과 이과계열의 비중을 살펴본다.

5. 가족 가운데 자신이 희망하는 직업적 성공 모델을 찾아본다.

| 3 |

중·고등학교 교과목과
대학 전공은 어떻게 연결될까

중·고등학교에서 배우는 교과목은 국어, 외국어(영어 외), 수학, 과학(물리, 화학, 생물, 지구과학), 기술, 역사, 사회, 도덕, 음악, 미술, 체육 등이다. 이러한 과목들은 대학의 다양한 학과들과 직간접적으로 관련되어 있다. 사실 모든 학문이 철학(종교)이라는 하나의 뿌리에서 시작하므로 이를 구분하는 것은 무의미하다고 볼 수도 있다.

과학자(scientist)라는 용어도 마이클 패러데이와 윌리엄 휴얼이 만들어 낸 것이다. 그 이전까지만 해도 일반적으로 과학을 연구하는 사람을 '자연철학자(natural philosopher)'라 불렀다. 즉 철학이라는 한 뿌리에서 여러 학문이 파생된 것이다. 따라서 모든 학문은 서로 유기적인 연관성을 가지고 있다.

고등학교에서는 크게 문과(예체능 포함)와 이과로 구분한다. 문과와 관련한 과목으로는 국어, 외국어, 역사, 사회, 도덕 등이 있으며, 예체능의 경우 미

30

술, 음악, 체육이 해당된다. 이과와 관련한 과목으로는 수학, 과학(물리, 화학, 생물, 지구과학), 기술 등이 있다. 그렇다면 진로 선택의 첫 단추가 되는 문과에 속한 과목과 이과에 속한 과목을 구분하는 기준과 특징은 무엇일까? 이것을 이해한다면 학과나 진로 선택 시 많은 도움이 된다. 앞서 살펴보았듯이 문과와 이과를 구분 짓는 기준은 '탐구 대상'이다. 문과의 경우 주된 탐구 대상이 인간이며, 이과는 자연이 주된 탐구 대상이다.

사실 중등교육(중·고등학교) 과정에서의 교과목 구분은 그다지 의미가 크지 않다. 중·고등학교 교과목은 직업생활이나 사회생활을 하는 데 기초가 되는 지식이므로 모두 소홀히 할 수 없다. 그래서 중·고등학교에서는 개별 학생의 관심이나 능력과 상관없이 대부분의 과목을 다 배운다. 하지만 대학에서는 중·고등학교 교과목들 중 특정 학과와 관련된 것만 심화해서 배운다.

참고로 대학은 문과와 이과로 구분되는 것이 아니라 학문의 특성에 따라 인문대학, 상경대학, 이과대학, 공과대학, 음악대학 등 여러 단과대로 나뉜다. 국어, 외국어, 도덕, 역사 과목의 경우 주로 인문대학과 사범대학에 속하는 학과와 관련성이 높다. 사회 과목의 경우 법과대학, 행정대학, 상경대학에 속하는 학과와 관련성이 높다. 수학, 과학 과목의 경우 사범대학이나 이과대학, 공과대학에 속하는 학과와 관련성이 높다. 음악 과목의 경우 음악대학, 미술 과목의 경우 미술대학, 체육 과목의 경우 체육대학 등에서 여러 가지 명칭의 전공 학과가 개설된다.

중·고등학교 교과목과 연관성이 높은 학과들을 다음 페이지에 표로 정리해 두었으니, 학과 선택 시 참고자료로 활용하기 바란다.

| 중·고등학교 교과목과 학과(전공) 구분 |

교과목		4년제 대학 관련 학과(전공)
문과 계열	국어	**국어·국문학, 연극·영화학, 언어교육,** 언어학
	외국어	**일어·일문학, 중어·중문학, 영어·영문학, 독어·독문학, 노어·노문학, 서어·서문학, 불어·불문학**
	사회 －일반사회 －역사 －세계사 －지리	**사회교육학,** 문화·민속·미술사학, 심리학, 역사·고고학, 종교학, 국제지역학, 경영학, 경제학, 관광학, 광고·홍보학, 금융보험학, 세무회계학, 무역·유통학, 법학, 사회복지학, 아동·청소년·노인복지학, 국제학, 도시·지역학, 사회학, 언론·방송·매체학, 정치외교학, 행정학, 경찰행정학, 보건행정학, 지리학
	도덕	**철학·윤리학,** 교육학, 유아교육학, 초등교육학, 인문교육학
	교양	문헌정보학
예체능 계열	미술	**회화학, 동양화학, 서양화학, 응용미술학,** 산업디자인학, 시각디자인학, 패션디자인학, 실내디자인학, 공예학, 사진학, 만화애니메이션학, 영상·예술학, 조형학, 의류·의상학
	음악	**음악학, 작곡학, 기악학, 성악학,** 국악학
	체육	**체육학,** 예체능교육, 무용학, 경호학
이과 계열	수학	**수학,** 통계학, 건축·설비공학, 건축학, 조경학, 토목공학, 도시공학, 지상교통공학, 항공우주공학, 항공교통학, 항공기계공학, 공학교육
	과학 －물리 －화학 －생물 －지구과학 －정보	**물리학, 화학, 생물학, 지구과학, 자연계교육,** 자동차공학, 전기공학, 전자공학, 제어계측공학, 광학공학, 산업공학, 화학공학, 기전공학, 해양공학, 기계공학, 금속공학, 에너지공학, 반도체공학, 세라믹공학, 섬유공학, 신소재공학, 재료공학, 전산학, 컴퓨터공학, 게임공학, 컴퓨터소프트웨어학, 정보·통신공학, 소방방재학, 화장품과학, 농학, 축산학, 수산학, 산림학, 원예학, 임산공학, 생명과학, 수의학, 응용동물학, 자원학, 환경학, 가정관리학, 식품공학, 식품조리학, 천문학, 대기과학, 의학, 치의학, 한의학, 간호학, 약학, 한약학, 보건학, 치위생학, 임상병리학, 방사선학, 재활학, 물리치료학, 작업치료학, 의료공학, 응급구조학

주: 1) 굵은 글씨는 중등교육 교과목과 직접적으로 관련 있는 학과이며, 나머지는 간접적으로 관련 있는 학과다.
　　2) 일부 학과(예: 가정관리학과, 통계학과 등)는 문과와 이과를 구분하기 어려워, 대학마다 다르게 구분하는 경우가 있으므로 진로 선택 시 주의해야 한다.

| 관심 학과 찾아보기 |

항목	과목명	좋아하는 과목 (○, ×)	성적이 잘 나오는 과목 (○, ×)	관심 학과
문과	국어			
	영어			
	사회(전반)			
	한국사/한자			
	지리/세계사			
	윤리/도덕			
	제2외국어			
이과	수학			
	물리			
	화학			
	생물			
	지구과학			
	정보			
	기술			

작성 요령

깊게 생각하지 말고 생각나는 대로 기입하자! 때론 직관적으로 선택하는 것이 효과적이다.

1. 문과와 이과 각각 자신이 좋아하는 과목들을 ○, ×로 체크한다.

2. 성적이 잘 나오는 과목들을 ○, ×로 체크한다.

3. 관심 학과 난에는 앞 페이지의 '중·고등학교 교과목과 학과(전공) 구분' 표를 참조하여 평소 관심을 가졌거나 좋아하는 학과들을 문과와 이과로 구분하여 적는다.

|4|
문과 성향과 이과 성향이
애매모호하다면

1990년대에 '피노키오'란 밴드가 〈사랑과 우정 사이〉란 노래로 인기를 끌었다. 이 노래는 청춘 시절 한 번쯤 겪게 되는 남녀 간의 애매모호한 상황을 노래로 잘 표현했는데, 가사 가운데 이런 소절이 있다. "연인도 아닌 그렇게 친구도 아닌 어색한 사이가 싫어져 나는 떠나리. 우연보다도 짧았던 우리의 인연 그 안에서 나는 널 떠나네."

경제학자가 싫어하는 것 중 하나가 바로 이런 애매모호함이다. 그러나 우리가 현실에서 직면하는 문제들은 두 가지로 명확하게 구분하기가 애매모호한 것들이 많다. 포유류인 오리너구리가 조류처럼 알을 낳아 생물학자들을 혼란과 고민에 빠뜨린 것이 대표적인 사례다.

문과도 아닌, 그렇다고 이과도 아닌

진로와 관련해서도 이런 애매모함이 자주 드러나는데, 대표적인 사례가 '문과도 아닌, 그렇다고 이과도 아닌 성향의 학생들'이다. 문과 성향도 어느 정도 있고 이과 성향도 있고, 적성검사를 해봐도 결과가 애매모호하고, 본인에게 물어봐도 애매모호한 답을 하는 경우다. 그리고 이과로 가고 싶은데 수학이 싫다거나, 문과로 가고 싶은데 적성검사 결과는 반대로 나오는 경우도 이에 해당한다. 이처럼 문과 성향과 이과 성향이 애매모호한 경우에는 진로 교사도 지도하기가 참 어렵다.

그런데 대학 학과 중에도 문과와 이과 구분이 애매모호한 학과들이 꽤 있다. 통계학과의 경우 이과로 주로 분류되지만, 문과 학문의 특성을 많이 가지고 있다. 수학이라는 큰 틀에서 보면 이과지만, 주로 응용·활용되는 곳은 문과 분야다. 컴퓨터교육학과도 그렇다. 공학이란 관점에서 보면 이과지만, 교육이란 부분에서 접근하면 문과 내용을 많이 다루기 때문이다. 보건행정학과의 경우도 다루는 주제는 이과인 보건의료 관련 내용이지만, 수학은 많이 사용하지 않고 오히려 경영과 관련된 부분과 사무행정에 대해 많이 배운다. 문과 특성이 많은 이과인 셈이다.

이와는 반대로 문과로 분류되나 이과 특성이 강한 학과도 있다. 심리학과의 경우 문과 성향이 강하나 생물심리, 임상심리, 실험설계 등 이과 특성의 교육 내용이 많다. 도시·지역학과의 경우도 도시설계, GIS, 환경학 등 이과에서 다루는 교과 내용을 많이 다룬다.

이렇게 문과 및 이과 구분이 애매모호한 학과의 경우 대학마다 단과대를 달리하여 분류하는 경우가 많다. 예를 들어 통계학과의 경우 상경대학으로 분류하는 대학도 있고, 이과대학으로 분류하는 대학도 있다. 수업하는 과목이 어떤 것들인지 확인해 보면 각 대학이 어디에 중점을 두고 단과대를 분류했는지 파악할 수 있다. 또한 한국교육개발원이 발간하는 전공학과 분류를 살펴보는 것도 도움이 된다.

문과 또는 이과에 대한 성향이 명료하지 않은 학생에게는 문과 특성과 이과 특성이 섞여 있는 학과가 하나의 대안이 될 수 있다. 다음과 같은 학과들을 눈여겨보면 도움이 될 것이다.

• 교육계열 : 공학교육과, 자연계교육과, 수학교육과

• 인문계열 : 문헌정보학과, 심리학과

• 사회계열 : 도시·지역학과, 보건행정학과

• 예체능계열 : 시각디자인과, 만화애니메이션과

• 공학계열 : 도시공학과, 산업공학과

• 자연계열 : 가정관리학과, 통계학과

• 의약계열 : 재활학과, 의무행정과

교차 지원 허용 대학을 눈여겨봐라

흔히 21세기를 융합의 시대라고 한다. 창조(creative)는 완전히 새로운 것을 만드는 것이 아니라, 융합하는 것이며 서로 다른 것들을 연결하는 것이다.

마치 우리 뇌가 연결되지 못한 뉴런들을 전기신호로 연결하듯 서로 연결하는 것이다.

창조경제시대에는 문과 또는 이과 성향이 애매모호한 학과들이 더욱 늘어날 수밖에 없다. 그러므로 문과 또는 이과 성향이 애매모호한 학생은 진로 설정과 역량 개발을 이에 맞춘다면 새로운 시대에 장점으로 활용할 수 있을 것이다.

그리고 최근 들어 문과생과 이과생의 교차 지원을 허용하는 대학이 늘어나고 있는 추세다. 의대의 경우 예전에는 한의대에서만 문과, 이과 교차 지원을 허용했으나 2015학년도 입시에서는 의대와 치대로도 확대되었다

(다음 표들은 2014년 12월 3일 〈중앙일보〉 기사에서 인용하였다).

| 이과에서 문과 교차 지원 가능 대학(학과) |

대학	학과
고려대(안암)	인문계 전체
덕성여대	인문계 전체
상명대	인문사회과학대, 콘텐츠저작권학과, 군사학과
서울대	인문계 전체
서울여대	인문계 전체
성균관대	인문계 전체
성신여대	인문계 전체
연세대	인문계 전체
홍익대	캠퍼스 자율전공

| 문과에서 이과 교차 지원 가능 대학(학과) |

대학	학과(학부)
가톨릭대	컴퓨터정보공학부, 정보통신전자공학부, 생활과학부, 미디어기술콘텐츠학과
고려대	가정교육과, 간호학과
광운대	건축학과(5년제)
덕성여대	자연계 전체
동덕여대	자연계 전체
상명대	화학과, 생명과학과, 공업화학과, 컴퓨터과학과, 미디어소프트웨어학과, 게임학과, 에너지그리드학과, 의류학과, 외식영양학과, 소비자주거학과
서울대	건축학과, 간호학과
서울여대	자연계 전체(간호학과, 글로벌의과학과 제외)
성신여대	글로벌의과학과, 수학과, 통계학과, IT학부, 식품영양학과, 생명과학화학부, 청정융합과학과
숙명여대	통계학과, 컴퓨터과학부, 의류학과
숭실대	건축학부, 글로벌미디어학부, 산업정보시스템공학과, 정보통계보험수리학과, 컴퓨터학부, 소프트웨어학과, 스마트시스템소프트웨어학과
한국항공대	항공교통물류우주법학부, 항공운항학과
홍익대	캠퍼스 자율전공

| 문과, 이과 분리 모집 대학(학과) |

대학	학과
가천대	컴퓨터공학부, 간호학과, 한의예과
가톨릭대	간호학과
건국대	자율전공학부
경희대	간호학과, 지리학과, 건축학과(5년제), 한의예과
국민대	건축학부
단국대	건축학과
서울과기대	건축학전공
서울여대	자율전공학부
성신여대	간호학과
아주대	간호학과, 미디어콘텐츠학과, 소셜미디어학과
연세대	간호학과, 생활디자인학과, 식품영양학과, 실내건축학과, 아동가족학과, 의류환경학과
이화여대	간호학부, 식품영양학과, 보건관리학과, 의예과
인하대	공간정보공학과, 건축학과, 글로벌금융학과, 아태물류학부, 의류디자인학과, 간호학과
중앙대	간호학과

| 5 |
데카르트처럼 생각하고
베이컨처럼 검증하자

흔히 르네 데카르트를 근세철학의 아버지라고 부른다. 그렇다면 데카르트의 직업은 철학자일까? 데카르트는 철학자일 뿐만 아니라 의학자, 물리학자, 수학자로도 중요한 업적들을 남겼다. 그 가운데 하나가 좌표다. 좌표는 공간 속에서 위치를 알 수 있는 중요한 개념이다. 만약 우리가 좌표를 알지 못한다면 물체의 위치를 알 수 없을 뿐만 아니라 진로를 탐색할 수 없을 것이다.

데카르트는 선천적으로 몹시 허약해 외부 활동을 많이 못했다. 그래서 주로 침대에 누워 생각을 하면서 시간을 보냈다. 좌표 역시 침대에 누워, 날아다니는 파리를 보면서 생각해 낸 것이다. 침대에 누워 이 생각 저 생각 하면서 철학과 수학, 물리학에 대한 여러 가지 업적을 남기다니 참으로 대단한 사람이다.

데카르트의 "나는 생각한다. 그러므로 나는 존재한다"라는 명언조차 생각과 관련된 것이다. 데카르트는 진리를 탐색하는 방법으로 직관과 연역법을 중시했다. 직관은 대상이나 현상을 보고 즉각적으로 느끼는 깨달음을 말한다. 그리고 연역법은 일반적인 사실이나 원리를 전제로 개별적인 특수한 사실이나 원리를 결론으로 이끌어 내는 추리 방법이다. 삼단 논법이 연역법의 대표적인 형식이다. 예를 들어 '인간은 모두 죽는다. 소크라테스는 사람이다. 그러므로 소크라테스는 죽는다'라는 식이다.

흔히 데카르트를 방법적 회의에 의한 합리주의 철학자라고 말한다. 방법적 회의란 조금이라도 의심스러운 것은 모두 거짓으로 보고, 더 이상 의심할 수 없는 명백한 진리에 도달하는 방법이다.

데카르트와 더불어 근세철학에 있어 빼놓을 수 없는 또 한 명의 철학자는 프랜시스 베이컨이다. 베이컨은 경험주의 철학자로 유명하다. 사실 베이컨은 철학자가 아닌 법률가로서의 삶을 살았다. 그런데도 사람들에게 철학자로 기억되는 것은 그가 경험주의에 근거한 과학적 방법론을 제시하여, 과학 발전에 크게 이바지하였기 때문이다.

베이컨이 주장한 과학적 방법론의 핵심은 실험과 관찰이다. 실험과 관찰을 통해 실증할 수 있고 경험 가능한 사실적 결과를 이용해 사물의 이치와 진리를 탐구하는 것이다. 흔히 이러한 과학적 탐구 방법을 '귀납법'이라고 부른다.

왜 베이컨은 데카르트와 다른 방법론을 제시했을까? 앞서 언급하였듯이 베이컨은 철학자도 과학자도 아닌 법률가로 대부분의 삶을 살았다. 사실 법률가는 합리적으로 추론하기보다 결과를 중심으로 사고하는 직업이다.

법정에서 흔히 원고(고소를 한 사람)와 피고(고소를 당한 사람) 간의 주장은 항상 다르다. 이때 중요한 것은 추론이 아니라 객관적 사실과 증거다. 데카르트처럼 연역법을 이용해 합리적으로 추론하여 개별 사건에 적용할 경우 의도치 않게 억울한 피해자가 생겨날 수밖에 없다. 따라서 베이컨은 확실하고 실제적인 결과를 중시하는 귀납법을 선호하게 된 것이다.

합리적으로 진로 추론하기

그렇다면 진로 탐색을 할 때는 어떤 방법을 택하는 것이 좋을까? 자기 확신이 없고 진로 방향성이 없는 학생이라면, 데카르트처럼 생각하고 베이컨처럼 검증해 보라고 조언해 주고 싶다. 우선 데카르트처럼 합리적 추론 및 방법적 회의를 통해 모든 가능성에 대한 회의적 비판을 해본 뒤, 진로 방향이 좁혀지면 거기서 도출된 몇몇 학과나 직업을 중심으로 관찰 또는 간접 경험을 함으로써 진로를 탐색해 보는 것이다.

짧은 시간과 제한된 공간에서 우리가 다양한 직업이나 학과를 모두 경험해 볼 수는 없기 때문에 베이컨처럼 귀납적 경험주의로 진로를 탐색하는 것은 한계가 있다. 따라서 베이컨의 귀납적 경험주의는 데카르트의 연역적 합리주의를 보완하는 도구로 사용하는 것이 좋다. 경험과 합리적 추론은 서로 유기적으로 연결된 자전거의 두 바퀴와 같다. 흔히 직접경험을 많이 해본 사람은 합리적 추론을 잘하고, 합리적 추론을 잘하는 사람은 다른 사람과 동일한 경험을 하더라도 더 많은 지혜를 체득할 수 있다.

그러려면 우선 합리적 추론을 해야 한다. 진로를 탐색할 때는 직업 분류와 학과 분류 가운데 어떤 것을 중심으로 합리적 추론을 하는 것이 좋을까? 모범답안은 학과 분류다. 왜냐하면 학생들의 경우 직업에 대한 지식이 부족하고, 다양한 직업 명칭도 알지 못하기 때문이다. 게다가 직업 분류보다 학과 분류가 훨씬 체계적이고 단순화되어 있다. 직업 분류는 인류 역사상 짧은 시간의 결과를 중심으로 형성된 분류지만, 학과 분류는 학문이 긴 세월 동안 변천되어 오는 과정 속에서 만들어진 분류이기 때문이다.

학과 분류의 시작은 우선 문과(예체능 포함)와 이과에서 출발하는 것이 좋다. 문과와 이과 가운데 어느 것이 본인에게 적합한지 방법적 회의를 통해 살펴본다. 여기서 방법적 회의란, 문과든 이과든 본인에게 맞지 않은 이유를 적어 보는 것이다. 흔히 교과서에서는 자신이 문과 또는 이과를 좋아하는 이유를 적으라고 하는데, 이러한 방법을 적용할 경우 객관적인 사실보다는 자신의 생각이 많이 개입되어 타당한 결과를 도출하기 어렵다.

방법적 회의를 통해 문과인지 이과인지 결과가 추론되었다면, 학과계열역시 같은 방법으로 확인해 본다. 도출된 학과계열 가운데 본인에게 적합한 학과나 직업을 적어 본다. 마지막으로 그 직업에 관한 관찰과 경험을 해본다. 잡월드 등과 같은 직업체험관에서 직접 체험해 보거나, 관련 동영상이나 자료 등을 검색하여 살펴보거나, 실제 그 일을 하는 곳에 방문해 보는 등의 방법을 이용하면 도움이 된다. 이런 방법을 통해 자신이 희망하는 직업이 본인에게 적합한지 여부를 좀 더 구체적으로 검증할 수 있다.

| 방법적 회의를 통한 직업 진로 탐색 사례–문과 |

계열	해당 계열이 맞지 않은 이유	학과 계열	대표 학과(전공)	해당 계열을 선호하지 않는 이유	관심 학과(직업)
문과	– 영어 실력이 안 좋아 수능에서 높은 점수를 받기 어렵다. – 적성검사 결과 이과계열로 나왔다. – 가정형편상 졸업 후 곧바로 취업해야 하는데, 문과 계열은 취업 가능성이 높은 학과 수가 적다.	인문 계열	언어학과, 국어국문학과, 일어일문학과, 중어중문학과, 영어영문학과, 독어독문학과, 노어노문학과, 서어서문학과, 불어불문학과, 문헌정보학과, 심리학과, 역사학과, 종교학과, 철학과, 윤리학과 등	– 취업이 어렵다. – 직업 종사자의 소득이 낮다. – 글 쓰는 것은 좋아하나 외국어 성적이 낮다.	없음
		사회 계열	경영학과, 경제학과, 회계학과, 법학과, 사회복지학과, 사회학과, 언론정보학과, 정치학과, 행정학과, 관광학과, 지리학과 등	– 선호하는 학과가 없다. – 내성적인 성격이라 대인관계가 서툴다.	관광학과 (여행작가)
		교육 계열	교육학과, 초등교육학과, 중등교육학과, 특수교육학과 등	– 말하는 것보다 듣는 것을 좋아한다. – 아이를 좋아하지 않는다.	없음
		예체능 계열	산업디자인과, 패션디자인과, 실내디자인과, 회화과, 조소과, 공예과, 사진학과, 만화애니메이션과, 기악과, 성악과, 작곡과, 국악과, 실용음악과, 무용과, 체육학과, 경호학과, 연극/영화과, 미용과 등	– 운동신경이 안 좋다. – 가정 형편이 어려워 예체능 학원을 다닐 수 없다.	없음

| 방법적 회의를 통한 직업 진로 탐색 사례-이과 |

계열	해당 계열이 맞지 않은 이유	학과 계열	대표 학과(전공)	해당 계열을 선호하지 않는 이유	관심 학과(직업)
이과	− 수학 성적은 좋으나 과학 성적이 좋지 않다. 특히 물리, 지구과학을 싫어해 과탐에서 좋은 점수를 받기 어렵다. − 가족 및 친척 가운데 문과 계열이 많다.	자연 계열	물리학과, 생물학과, 수학과, 통계학과, 지질학과, 화학과, 환경(공)학과, 천문/대기과학과, 의류(의상)학과, 가정관리학과, 식품영양/식품공학과, 식품조리과, 해양수산학과, 수의학과, 축산학과, 농학과, 산림/원예학과 등	− 공학계열에 비해 취업이 어려울 것 같다. − 대학원에 진학할 생각이 없다.	없음
		공학 계열	건축토목공학과, 기계공학과, 전기/전자공학과, 컴퓨터공학과, 재료공학과, 화학공학과, 산업공학과, 응용공학과 등	− 다른 사람과 협업을 잘 못한다.	건축학과 (건축가)
		의학 계열	의학과, 치의학과, 한의학과, 약학과, 간호학과, 재활학과, 의료공학과, 안경광학과, 치기공학과, 방사선학과, 임상병리학과, 보건(관리)학과, 치위생학과, 응급구조학과 등	− 생명체에 대한 호기심은 있으나 학비가 많이 드는 과는 부담스럽다.	간호학과 (간호사) 안경광학과 (안경사)

| SWOT 분석을 통한 진로 탐색 사례 |

SWOT 분석은 기업의 내부 환경을 분석해 기업의 강점과 약점을 파악하고, 외부 환경을 분석해 기회와 위협 요인을 찾아내 경영 전략을 수립하는 기법이다. 진로 탐색에 SWOT 분석을 이용해 자신의 강점과 약점, 기회와 위협 요인을 찾아낸다면 보다 객관적으로 진로를 선택할 수 있을 것이다.

Strength (내적 강점)	Weakness (내적 약점)
- 문과 관련 과목 성적이 잘 나온다. - 대인관계 능력이 좋다. - 책 읽기를 좋아한다. - 봉사활동과 창의적 체험활동을 좋아한다.	- 수학 성적이 나쁘다. - 조별 수행 과제를 잘 못한다. - 과학 과목을 싫어한다. 특히 물리와 화학을 싫어한다. - 반복적인 것을 잘 못한다. - 몸이 허약한 편이다.
Opportunity (주위 환경과 여건상 유리한 점)	Threat (주위 환경과 여건상 불리한 점)
- 가족이나 친척 가운데 문과계열 직업으로 성공한 사람이 많다. - 부모님이 출판사를 경영한다. - 비교적 가정이 부유한 편이다. - 문과 출신의 경우 수학이 약한 사람이 많으므로 대학 진학이나 취업 시 상대적으로 수학적 강점이 돋보일 수 있다.	- 가정형편이 어려워 빨리 취업해야 한다. - 문과의 경우 상대적으로 취업이 더욱 어려워질 것 같다. - 현행 입시 제도에서 이과가 대학 진학 시 유리하다. - 법정계열과 어문계열의 경우 기술 진보에 따라 일자리 감소가 예상된다.

| 문과 · 이과 종합 점검 |

항목	강한 문과 (문과가 훨씬 많다.)	약한 문과 (문과가 조금 많다.)	중립 (유사하다.)	약한 이과 (이과가 조금 많다.)	강한 이과 (이과가 훨씬 많다.)
1. 초간단 문과/이과테스트					
2. 직업가계도 검사					
3. 좋아하는 교과목 수 체크					
4. 과목별 성적 체크					
5. 관심 학과 체크					
6. SWOT 분석					
7. 적성검사					
최종 결과					

* 문과인지 이과인지를, 중립을 기준으로 대략적 위치를 체크해 본다. 녹색이 강할수록 문과고 붉은색이 강할수록 이과다.

|6|
도서관에 가면
진로 탐색의 길이 보인다

　　　　후기인상주의 화가 폴 고갱은 프랑스를 떠나 문명 밖의 세계인 타히티 섬으로 향했다. 원시 자연과 같은 타히티 섬에서 인류의 근원과 관련한 고민을 했다. 그는 인간은 어디에서 와서, 무엇을 하며, 어디로 향하고 있는가라는 의문을 〈우리는 어디서 왔는가? 우리는 누구인가? 우리는 어디로 갈 것인가?(Where do we come from? What are we? Where are we going?)〉라는 작품으로 표현했다. 이 문장은 하나의 미술 작품의 주제이기도 하지만, 인류 학문의 궁극적 지향점이기도 하다.

　　인류란 거대한 차원을 떠나 개인 측면에 초점을 맞추면, 나는 어디서 와서, 무엇을 하며, 어디로 향하고 있는가라는 문제가 된다. 다시 말해 개인 차원의 진로 고민으로 좁힐 수 있다.

　　우리는 어디서 왔는지를 규명하기 위해 고고학·종교학·천문학·물리학

48

등 다양한 학문적 도구를 활용하며, 무엇을 하느냐는 질문에 대한 해답을 찾기 위해 사회학, 경제학 등의 도구를 활용한다. 또한 어디로 향하는가에 대한 해답을 찾기 위해 수학, 물리학, 철학 등을 주로 활용한다.

인문학, 자연과학 등의 다양한 학문을 통해 진로를 탐색하고, 이러한 학문을 시간과 공간적으로 팽창시키기 위해 교육학이 생겨났다. 그리고 진로를 찾는 방법이 너무 복잡해졌기 때문에 진로 교육을 하는 것이다.

도서관에서 진로 탐색하기

사실 학문은 인류의 정체성과 진로를 개척하기 위한 최고의 도구다. 이런 학문의 성과를 기록한 것이 바로 책이다. 책은 수많은 사람들이 걸어온 다양한 길에 대한 기록이다. 소크라테스는 "이 세상에 고생하지 않고 얻을 수 있는 것은 없다. 그러나 독서를 통해 남이 애써 얻은 것으로부터 자기 자신을 쉽게 개선할 수 있다"라고 말했다. 그리고 데카르트는 "좋은 책을 읽는 것은 지난 몇 세기 동안에 걸쳐 가장 훌륭한 사람들과 대화하는 것과 같다"라고 말했다. 책 속에 길이 있다는 의미다. 이러한 책을 모아 놓은 곳이 바로 도서관이다.

도서관은 가장 훌륭한 직업 체험관인데도, 진로 탐색에 제대로 활용되고 있지 못하다. 대개 진로 탐색을 위해 값비싼 유료 체험관을 방문하거나 고작 30분간 머무르기 위해 현장 방문 등의 방법을 택한다. 수많은 지혜와 삶의 경험, 학문적 성과, 우리 선조와 이웃들의 삶의 길이 녹아 있는 도서관에서 자신의 진로를 탐색해 보는 것은 어떨까?

도서관을 통한 진로 탐색 방법은 다음과 같다.

첫째, 적절한 규모의 도서관을 선택하라. 국립도서관이나 국회도서관은 책의 양이 너무 많다. 반면 작은 도서관이나 학교 도서관 등은 책의 양이 너무 적어 진로 탐색이 어렵다. 대형 서점도 진로 탐색에 부적절하다. 책의 전시가 판매라는 상업적 목적에 맞춰 있으므로 적합하지 않은 책을 고를 가능성이 높다. 그러므로 구립도서관이나 시립도서관 정도가 적절하다.

둘째, 도서관에서 컴퓨터로 책을 검색하지 말고 서가에 꽂혀 있는 책을 쭉 둘러보는 게 좋다. 서가별로 어떤 책들이 있는지 구경하면서 눈에 띄는 책들을 읽어 보자.

셋째, 문과를 선호한다면 자연과학 관련 서가를 먼저 방문하고, 이과를 선호한다면 인문과학·사회과학 관련 서가를 먼저 둘러보는 편이 낫다. 가급적 소설이나 시 등의 문학 서적, 문법 등의 어학 관련 서적, 만화책 등은 건너뛰거나 마지막에 살펴보는 것이 좋다.

넷째, 책들의 제목을 살펴보고 관심이 가는 책을 꺼내 목차 등을 살펴보자. 이때 내용을 어렵게 서술한 책은 피하고 최대한 쉽고 재미있게 서술한 책을 중심으로 택하는 게 좋다.

다섯째, 관심이 가서 눈에 들어온 책들의 분야와 제목 등을 기록하자. 사람의 눈은 무의식적으로 내면의 관심사를 찾는 등 뭔가를 검색하는 경향이 있다. 우리가 의식하지 못하지만 눈은 우리의 진로를 탐색하고 있는 것이다.

도서관 속에서 다양한 주제들이 즐비한 서가 사이를 산책하다 보면, 자연스럽게 자신의 흥미 분야를 발견하게 되고, 또 자신이 미래에 무엇을 해야 할지, 어떠한 것에 가치를 두어야 할지 알게 될 것이다. 오늘 하루 도서관이란 섬에서 나는 어디서 와서, 무엇을 할지, 어디로 향할지 고갱과 같은 고민을 해보는 것은 어떨까?

끝으로 진로 탐색에 도움이 되는 책으로 필자가 집필한《유망 직업 백과》,《톡 까놓고 직업 톡》,《열아홉 당당한 직장인이 되어라》등이 있으니 참조하기 바란다.

| 7 |

내게 맞는 진로 선택을 위한
세 가지 기준

　　직업 진로를 정하는 것은 쉬운 일이 아니다. 대학에 개설된 학과가 워낙 많다 보니 어떤 학과가 내게 맞을지 택하기도 어렵지만, 직업 수는 학과 수보다 훨씬 더 다양하므로 어떤 일을 직업으로 삼아야 할지 정하기는 더욱 어렵다. 하지만 직업 진로 선택에 있어서 자신이 어떠한 인생을 살 것인지 그 기준을 명확히 한다면 수많은 직업 수를 보다 단순화시킨 직업군으로 정리할 수 있다. 직업 선택을 두고 고민하는 학생들에게 몇 가지 명료한 기준을 제시하고자 한다.

　　내게 맞는 직업을 찾기 위한 선택 기준은 다음 세 가지다.

　• 직업을 수행함에 있어서 머리를 쓰며 살 것인지, 몸을 쓰며 살 것인지를 결정한다.

- 같이 일하는 것이 좋은지, 혼자서 일하는 것이 좋은지를 생각한다.
- 사람과 일하는 것이 좋은지, 사물을 대상으로 일하는 것이 좋은지를 생각한다.

머리 쓸래, 몸 쓸래?

머리를 쓰는 대표적인 직업은 교수나 연구원 등이다. 머리를 쓰는 직업의 장점은 실내에서 일하므로 날씨 변화에 큰 영향을 받지 않는다는 점이다. 그래서 몸이 편하다. 반면 머리를 쓰는 직업의 단점은 일과 휴식의 구분이 모호하다는 점이다. 주말이나 휴일에도 업무와 관련된 생각을 계속하게 된다. 그래서 머리카락이 잘 빠지고 스트레스가 많다.

머리를 쓰는 직업의 또 다른 특성은 업무 성과가 불명확한 경우가 많다는 것이다. 예를 들어 연구원의 경우 작성된 연구보고서나 논문이 좋은지 나쁜지 식별하기가 쉽지 않다. 그리고 문학작품도 좋은 작품인지 나쁜 작품인지 구분하기가 쉽지 않다. 다시 말해 성과를 명확하게 측정할 수 없으므로 보상이 불명확한 경우가 많으며, 노력했다고 반드시 결과가 잘 나오는 것도 아니다. 카피라이터의 경우 밤새 고민하여 멋진 광고 문구를 만들 수도 있지만, 차를 마시며 쉬는 짧은 시간에 더 좋은 광고 문구의 영감을 얻을 수도 있다. 따라서 머리를 쓰는 직업은 99%의 노력보다 1%의 영감이 더 중요한 경우가 많다.

반면 몸을 쓰는 직업은 운동선수나 생산직 근로자, 자동차정비공, 화약물발파원, 문화재발굴원, 용접공 등 주로 기능직이 이에 해당한다. 몸을 쓰는 직업의 특징은 신체가 건강하며, 몸을 부지런히 사용하므로 스트레스가 적고 정신적으로 건강하다는 점이다. 하지만 야외 작업이 많으므로 날씨 변화에 영향을 많이 받으며, 작업환경이 열악한 직업이 많다는 것이 단점이다. 몸을 쓰는 직업은 업무 성과가 눈에 보이므로 그에 대한 명확한 보상을 받을 수 있다. 따라서 몸을 쓰는 직업은 1%의 영감보다 99%의 노력이 중요하다.

같이 할래, 혼자 할래?

변호사나 의사, 요리사, 사진작가, 패션스타일리스트 등의 직업은 혼자서 업무를 처리해야 하는 일이 많다. 혼자 하는 일의 특징은 기능과 관련된 직업이 많다는 것이다. 사물이나 자연을 대상으로 일을 수행하므로 가끔 외롭지만 업무 스트레스는 상대적으로 낮은 것이 장점이다. 단점은 혼자서 실력을 쌓고, 자신의 성과에 대한 대가를 지불할 대상을 스스로 찾아야 하므로 직업 초기에는 고생을 많이 한다. 하지만 이들 직업은 시간이 지날수록 빛을 발한다. 왜냐하면 정년이 없거나 퇴직 후에도 일을 계속할 수 있기 때문이다. 예를 들어 변호사나 의사의 경우 정년이 없으므로 건강이 허락하는 한 평생 일할 수 있다.

반면 아나운서, 기자, 과학수사관, 소방관 등은 다른 사람과 함께 작업하는 일이 많다. 아나운서는 PD의 지시에 따라야 하며, 방송작가와 촬영 및 녹음·편집 등 제작진의 도움을 받아야 한다. 다른 사람과 협업이 필요한 직업은 업무 스트레스가 상대적으로 높다. 상대가 좋은 사람이라면 같이 일하고 싶겠지만, 싫은 사람이라면 차리라 혼자 일하고 싶을 것이다. 하지만 내게 꼭 맞는 사람과 일하기란 쉽지 않다. 실제 회사를 그만두는 사람의 이직 사유를 조사해 보면 직장 동료와의 불화 때문에 이직한다는 응답자의 비율이 높게 나타난다. 물론 협업을 할 경우 서로 미흡한 점을 보완할 수 있고, 책임을 나눌 수 있으므로 업무 성과에 대한 부담감이 줄어들 수 있다는 긍정적인 측면도 있다.

과거에는 혼자서 하는 일의 종류가 많았으나 오늘날에는 정보통신이 발달하고 기술의 융합성이 커져 소통하고 협업하는 일이 많아졌다. 따라서 최근, 기업들은 직원을 채용할 때 특출한 재능을 지녔지만 다른 사람과 융합되지 못하는 인재보다, 재능은 조금 떨어지지만 조직 속에서 융합되어 협력을 잘하는 인재를 선호하는 추세다.

사람과 일할래, 사물과 일할래?

모든 직업은 사람과 사물 모두를 대상으로 일을 수행한다. 여기서 사물은 자료 및 동물을 포함한 것이다. 하지만 사람과 사물 둘 중 어디에 더 치중하느냐에 따라 적성이 달라진다.

사람을 대상으로 하는 일은 위계 관계가 매우 중요하다. 예를 들어 다른 사람에게 자문·감독·교육·설득·상담·오락·서비스 등을 제공하는 일이 여기에 해당한다. 사람을 대상으로 하는 직업으로는 변호사, 의사, 교사 등이 있다. 이런 일은 우월 관계에 있는지, 수평 관계에 있는지, 열세 관계에 있는지와 같은 서열적 특성을 가지고 있다.

반면 사물을 대상으로 하는 직업 중 동물이나 자연을 대상으로 하는 직업은 신체를 사용할 일은 많으나 스트레스가 적은 편이다. 이런 직업으로는 수의사, 동물조련사, 음향전문가, 신재생에너지발전설비원 등이 있다. 하지만 사물 가운데 숫자나 기호, 언어 등을 사용하여 기록하고 수집·계산·분석 등의 일을 하는 직업은 머리를 많이 쓰므로 스트레스가 많고, 주로 사무실에서 일한다. 사회과학연구원, 방송작가 등이 여기에 해당하는 직업이다.

앞서 제시한 세 가지 기준에 따라 직업을 분류해 보면 나타나는 특징이 하나 있다. 적어도 우리나라에서는 몸을 쓰는 직업보다는 머리를 쓰는 직업이, 혼자 하는 일보다는 함께 일하는 직업이, 사물보다는 사람을 대상으로 하는 직업이 선호도가 높으며 종사자의 사회적 처우가 좋다는 것이다.

하지만 호주, 캐나다, 핀란드 등의 국가에선 머리보다 몸을 쓰는 기능직의 사회적 처우가 더 좋다. 그리고 중소기업이 많고, 농업이 발달하였으며, 문화산업이 발달하여 장인이 많은 이탈리아의 경우 분업과 협업보다 혼자서 하는 일이 상대적으로 많다. 반면 프랑스와 같이 자유·평등·박애정신에 따라 자유분방하고 민족성이 강하며, 예술·관광 등이 발달한 국가의 경우에는 밥이라는 사회적 가치보다 꿈이라는 이상적 가치를 추구하는 직업이 많다. 따라서 직업에 대한 가치 기준을 꼭 우리나라 현실에 맞추어 판단할 필요는 없다.

물론 이 세 가지가 명확하게 구분되는 직업도 있지만, 여러 가지 특성이 혼재되어 쉽게 구분되지 않는 직업도 있다. 예를 들어 매장문화발굴사의 경우 실내에서 역사 문헌을 정리하고 보고서를 만드는 작업(머리 쓰는 일)도 하지만, 발굴처럼 현장에서 하는 일(몸 쓰는 일)도 있다. 아울러 각종 유형 및 무형 문화재란 사물을 다루기도 하지만, 지표조사를 위한 인터뷰, 발굴보조원 관리 등 사람을 대상으로 하는 일도 있다.

수많은 직업 가운데 내게 맞는 직업을 찾으려면, 세 가지 기준 가운데 어떠한 선택 기준을 가지고 살아가는 것이 좋은지 스스로 자문해 보자.

자신이 알고 있는 제한된 직업 정보와 부족한 경험을 근거로 단지 '직업 명칭 찾기'에 매달려서는 안 된다. 그리고 이미 자신의 직업 진로를 선택했다면, 그 직업이 위 세 가지 기준 가운데 어떠한 특성을 더 많이 가졌는지 따져 보는 것이 좋다. 그 과정을 통해 그 직업이 내게 적합한지 여부를 검증할 수 있을 것이다.

|8|
뱀 머리만큼의 수능 점수로
뱀 꼬리를 살 수도 있다

　　초등학교부터 고등학교까지 12년간 노력한 것에 대한 1차 결실인 수능점수가 나오면, 학부모들은 용 꼬리냐, 뱀 머리냐를 두고 고민하기 시작한다. 진학 컨설턴트의 대표적 단골 메뉴도 '용 꼬리가 좋은지 뱀 머리가 좋은지에 대한 조언이나 답변'이다. 몇 시간 동안 적게는 수십만 원에서 많게는 수백만 원에 이르는 컨설팅 비용에 비해 턱없이 낮은 수준임에도 불구하고, 많은 사람이 컨설팅을 받으려 줄을 선다. 그만큼 학부모의 심정은 답답하다는 것이다.

　　여기서 '용이냐 뱀이냐'는 대학 순위고, '머리냐 꼬리냐'는 학과의 인기 순위로 결정된다. 대학 수준을 높이면 학과 수준을 떨어뜨려야 하고, 학과 수준을 높이면 대학 수준이 떨어지니, 당연히 고민이 될 수밖에 없다. 시중의 널린 답변들은 자신이 하고 싶은 일과 적성에 맞춰 진학하라는 교과서적인 것들뿐이니 실제로는 도움이 되지 않는다. 기업체 사장이 중요한 결정을 앞두고 점쟁이를 찾아가는 심정이나, 수능 후 학부모가 컨설팅 업체를 찾아가는 심정이 다를 바가 없을 것이다.

용 꼬리냐, 뱀 머리냐

용 꼬리와 뱀 머리 가운데 어떤 것이 좋다고 단정 지어 말할 수는 없다. 각 개인의 상황에 따라 다르기 때문이다. 대학 수준을 높이는 것이 나은 경우가 있는가 하면, 학과 수준을 높이는 것이 나은 경우도 있다. 결국 핵심은 취업의 절박함이다. 취업의 절박함이 클수록 학과 중심으로 선택해야 한다. 취업이 아닌 인맥, 사교, 결혼 등 취업 이외의 목적이 크다면 대학 수준을 높일 필요가 있다.

재벌가 자녀들의 학력 사항을 살펴보면, 몇 가지 힌트를 얻을 수 있다. 재벌가 자녀들의 일반적 진로는 경영 승계다. 그런데도 이들은 상경계열이 아닌 비인기학과로 진학하는 경우가 종종 있다. 적성이나 학문적 욕구보다 학벌을 기준으로 대학을 선택하기 때문이다. 물론 상당수는 대학원에 진학할 때 상경계열 학과, 특히 경영학과로 전향한다.

다음과 같은 방법을 이용한다면 고민을 해결하는 데 도움이 될 것이다.

첫째, 원래 자신의 진로 취지에 맞는 학과를 선택한다. 자신이 명확하게 하고 싶은 일이 있다면, 그 학과가 먼저라는 의미다. 싫은 매는 맞아도 먹기 싫은 음식은 못 먹는다는 말이 있다. 하고 싶은 공부를 두고, 하기 싫은 공부를 하는 것은 좋은 선택이 아니다.

둘째, 가정의 경제적 여건을 고려한다. 현실적으로 가정 형편이 넉넉하고 대학원 진학까지 생각한다면 대학 수준을 높여 비인기 기초학문을 선택한 후, 대학원에서는 인기 응용학과를 선택하는 것이 하나의 대안이다. 만약 가정 형편이 안 좋아 졸업 후 바로 취업을 해야 하는 상황이라면, 취업이 잘되는 학과를 선택하는 것이 좋다.

셋째, 현재의 비인기학과 가운데 저평가된 학과를 찾는다. 사실 이 부분에 사람들의 관심이 집중될 것이다. 여기에는 HRHR(High Risk, High Return)의 원리가 숨어 있다. 위태로운 상황 속에 기회가 있듯이, 비인기학과 속에 투자수익률이 높은 학과도 많다. 문제는 이것을 어떻게 구분하느냐다.

흔히 단기 예측은 맞고 장기 예측은 맞지 않는 경향이 있다. 대학 입학 후 휴학을 하지 않고 졸업하자마자 취업하는 사람과 2년 정도 군복무를 해야 하는 사람 사이에는 다소 차이가 나기 때문이다. 다시 말해 남자의 경우 입학할 때 인기가 있던 학과가 7년 후에도 인기가 있을 가능성은 상대적으로 낮다.

인기 학과를 예측하는 통찰력은 쉽게 생기지 않는다. 일반인의 경우 정보가 부족해 주요 방송사에서 조명되는 인기 직업과 인기 학과들에 관심을 갖기 쉬운데, 이런 정보에 휘둘리지 않도록 특히 조심해야 한다. 지금 생각해 보면 소가 웃을 노릇이지만, 10년 전에는 인터넷검색사가 인기 직업으로 소개되기도 했다. 의대 열풍이 불 때는 의대 진학에 신중해야 하고, 각종 심리 관련 방송 프로그램이 많을 때는 심리학 관련 학과 진학에 신중해야 한다.

자신의 소신 없이 그저 남이 하는 대로 따라 하다 최악의 선택을 하는 경우가 많다. 그런 경우 뱀 머리만큼의 수능 점수를 지불하고, 뱀 꼬리를 사는 결과를 낳기도 한다. 물론 부화뇌동의 분위기를 조성한 언론이나 컨설턴트들은 몇 년 후 시치미를 뗄 것이다. 용 꼬리냐 뱀 머리냐를 스스로 판단하지 못한다면, 결코 용 머리가 될 수 없음을 알아야 한다.

| 9 |
10년 후 인기 학과,
인기 직업을 찾아라

흔히 지금을 무한경쟁 시대라고 한다. 경쟁에는 국가 간의 경쟁, 기업 간의 경쟁, 개인 간의 경쟁 등이 있다. 이 가운데 가장 흔한 경쟁은 개인 간의 경쟁일 것이다.

그렇다면 경쟁의 목적은 무엇일까? 경쟁의 목적은 승자와 패자를 구분하는 것이다. 승자와 패자를 서구 사회는 'Pass'와 'Fail'로 주로 구분하는 반면, 한국 사회는 서열을 매기는 방법을 택한다. 서열을 부여하기 가장 손쉬운 방법은 무엇일까? 시험이다.

우리나라는 교육이나 훈련 내용보다 시험 성적을 더 중요하게 여긴다. 중간고사가 끝나면 기말고사가 기다리고, 한 고비 넘기면 대학 입학시험, 각종 자격시험, 회사에 들어가기 위한 입사 시험 등이 기다린다. 심지어 적성검사도 각종 직업 기초 능력을 검증하는 시험이다. 회계사가 꿈이면 공인회계사 시험에 합격해야 하고, 사회복지사가 되기 위해서도 사회복지사 시험을 통과해야 한다. 웬만한 직업들은 다 시험으로 자격증과 면허증이 부여된다.

원하는 직업이나 직장을 구하면 시험에서 해방될 수 있을까? 불행히도 아니다. 승진하려면 시험을 봐야 하는 회사가 많기 때문이다. 설령 본인이 시험에서 해방되었다고 할지라도 자녀의 시험 문제로 간접적인 시험 스트레스를 또 겪는다. 어쩌면 한국 사람들은 '자기 스타일'이 아니라 '시험 스타일'로 유전자 변형이 이루어졌을지도 모른다.

2011년에 영국의 권위 있는 경제주간지인 〈이코노미스트〉는 한국 사회를 두고 '한 방에 결정되는 사회(The One-Shot Society)'라는 제목의 기사를 내보낸 적이 있다. 여기서 한 방은 '수능시험'을 의미한다. 개개인의 다양성과 개성은 무시되고 각자의 인생이 10대에 치른 시험 한 방에 결정되는 우리 사회의 현실을 비판한 것이다. 아울러 한국 사회가 기적에 이르는 여러 가지 다양한 길을 터놓지 않고 시험과 경쟁이라는 기존 방법에 의존한다면 '기적의 나라(The Land of Miracles)'라는 찬사는 더 이상 지속될 수 없을 것이라고 충고했다.

과도한 경쟁을 피하려면

경쟁에서 승리하는 것보다 더 값진 것은 경쟁하지 않고 이기는 지혜다. 사실 과도한 경쟁에서 이긴 승리는 높은 비용을 치른 대가이기에 그리 빛나지 않는다. 과도한 경쟁을 피하려면 어떻게 해야 할까?

첫째, 현재로써 미래를 보지 마라. 현재 가치보다 미래 가치를 보는 눈을 가져야 한다. 인기 학과, 인기 대학일수록 경쟁이 치열하고 수능 시험 점수도 높아야 한다. 하지만 과거 자료들을 살펴보면, 입학할 때 인기 학과가 졸업 후엔 비인기학과가 되는 사례가 많다. 오히려 입학 당시에는 비인기 학과였지만 10년 후 인기 학과 및 인기 직업이 된 사례가 허다하다.

1960~1970년대만 해도 간호학과의 인기가 높았다. 능력 있는 여성들이 의대를 포기하고 간호사의 길을 택한 경우도 많았다. 또 다른 예로 1970~1980년대에는 화공학과의 인기가 좋았다. 요즘 그 인기를 반도체나 정보통신 관련 학과들이 누리고 있다. 과거 먹고살기 바빴던 시대에는 사회복지학과나 심리학과는 비인기 학과였으며, 농과대학(농대)이 인기를 끌기도 했다. 이처럼 직업이나 학과의 인기도 세월에 따라 변한다.

둘째, 넓게 보라. 한국이라는 좁은 나라가 부여한 현실만 보지 말고 좀 더 넓은 관점에서 진로와 직업을 바라보아야 한다. 예를 들면 한국 사람들은 소위 말하는 의사, 변호사, 회계사, 교사 등의 '사' 자 직업을 선호하며, 배관공, 자동차정비원 등의 기능직은 기피한다. 그 결과 사람들이 선호하는 직업과 관련한 전공은 경쟁이 치열한 반면, 사람들이 선호하지 않는 직업의 경우는 진입장벽이 낮다. 하지만 여러 선진국의 경우 기능인에 대한 사회적 인식과 경제적 처우가 매우 높다. 따라서 세계라는 무대에서 꿈을 펼치기를 희망한다면 경쟁은 낮고 가치 있는 도전이 많다는 사실을 인식해야 한다.

셋째, 부화뇌동하지 마라. 그저 남이 하는 대로 따라가서는 안 된다. 현대사회는 자기 이익을 위해 다양한 방법으로 홍보 및 마케팅 활동을 벌인다. 유망 학과, 유망 직업 등 직업·진로와 관련한 오염된 정보가 넘친다. 이러한 정보 가운데 내게 맞는 정보를 잘 가려내야 한다. 잘못된 정보 때문에 불필요한 경쟁을 할 수도 있다. 예를 들어 인기 있는 영화나 드라마가 방영되면 그해에 관련 직업의 인기가 올라간다. 〈내 이름은 김삼순〉, 〈제빵왕 김탁구〉라는 드라마가 인기를 끌면 파티시에 같은 직업이 언론의 관심을 받고 제과·제빵학과 등이 인기를 얻는다. 〈식객〉이나 〈대장금〉 등의 드라마가 인기를 끌면 조리학과, 호텔조리학과 등이 인기를 끈다.

경쟁을 피하려면 정확한 정보를 바탕으로 소신껏 행동해야 한다. 자신의 생각이나 의견 없이 여기저기 굴러다니는 흔한 정보를 믿고 달려들 경우 과도한 경쟁의 희생양이 될 수 있다.

2장

계열별 특성을
알면 진로가 보인다

| 1 |

인문·어문계열

자유롭게 상상하고,
창의적으로 표현하는 세계

　　인문·어문계열은 모든 학문의 근원인 철학과 종교를 다루
므로 학문의 대상이 시간적, 공간적으로 매우 넓다. 인문·어문계열 학과로
는 철학과, 종교학과, 영어영문학과, 일어일문학과, 문헌정보학과, 고고학
과, 심리학과, 역사학과, 통번역학과 등이 있다(문헌정보학과나 심리학과는 사회계열에
분류되어 있는 대학도 있다).

　인문·어문계열을 선택하려면 수능 기준으로 볼 때 국어, 영어, 제2외국
어와 사회탐구 가운데 생활과 윤리, 한국사, 윤리와 사상 등을 잘하는 것이
좋다. 특히 언어를 얼마나 잘 다룰 수 있느냐가 중요한 성공의 열쇠다. 언
어 구사력은 크게 글쓰기 능력과 말하기 능력으로 구분되며, 어느 쪽에 흥
미가 있는지에 따라 직업군이 달라진다.

　글쓰기 능력, 즉 문장력이 중요한 직업은 작가, 방송작가, 번역가, 사서,

학예사, 평론가 등이다. 이런 직업으로 성공을 거두려면 상상력과 창의력이 뛰어나야 한다. 흔히 창의력이 많이 필요한 직업으로 공과계열인 공학자를 꼽는데, 이는 잘못된 상식이다. 글쓰기와 관련한 직업이야말로 문장한 줄 한 줄에 남다른 상상력과 창의력을 발휘해야 훌륭한 작품이 만들어지기 때문이다.

말하기 능력이 중요한 직업으로는 동시통역사, 교사, 강사, 판매원, 영업원 등이 있다. 이런 직업들은 창의력을 발휘하기보다 내용을 정확하게 전달하는 것이 중요하다.

경력 단절과 정보통신 기술의 변화를 고려하자

인문·어문계열의 전공과목들은 비교적 내용이 쉽고 재미있다. 그러나 졸업 후 전공과 관련한 일을 하기가 쉽지 않고, 관련 업종에 취직할 경우 소득이 높지 않다는 단점이 있다. 가정형편이 넉넉지 않아 졸업 후 바로 취업을 해야 하는 상황이라면, 이런 현실을 충분히 고려할 필요가 있다. 하지만 프리랜서로 활동하기 쉬운 직업이 많으므로 정년퇴직 없이 오랫동안 일할수 있다는 장점이 있다.

우리나라의 경우 여학생의 대학 진학 비율이 높지만, 졸업 후 취업을 하지 않거나, 취업을 하더라도 중도에 그만두어 '경력 단절'이 생기는 경우가꽤 많다. 대부분의 여학생이 먼 훗날의 일이라 생각하지만, 현실은 그렇지않다. 의사, 변호사, 컴퓨터 프로그래머, 교사, 대기업 종사자, 방송PD, 기자 등 다양한 분야의 전문가들이 출산 및 육아 등의 문제로 회사를 그만두거나 휴직을 한다. 여학생들은 진로 탐색 초기에 이런 문제를 진지하게 고려해야 한다. 한편 인문·어문계열의 경우 프리랜서로 일할 수 있는 분야가 많다는 점은 여학생의 입장에서 보면 아주 좋은 점이다.

인문·어문계열 가운데 특히 어문계열은 상당히 위기에 처한 학문 분야다. 정보통신 기술이 발달함에 따라 인공지능 기술이나 번역 및 통역 프로그램이 쏟아져 나오고 있기 때문이다. IBM의 왓슨이나 애플의 쉬리 기술은 통번역 시장에 획기적 변화를 가져올 것으로 보인다. 예를 들어 IBM의 인지기능을 가진 왓슨을 응용하면 엄청난 양의 정보를 분석하여 각종 요리법, 의료 지원 서비스, 통번역, 법률 자문 등 다양한 기능을 수행할 수 있다. 쉬리의 음성인식기술이 소리공학기술과 연계될 경우 목소리의 음색으로 상대방의 심리를 파악하고 대화 및 통번역에 응용할 수 있다.

실제로 통번역 기술은 상당히 진보하였다. 예를 들어 통번역 소프트웨어를 활용한 한국어와 일본어 번역 기술은 상당 수준 발전되어 있는 상황이다. 반면 한국어를 영어로 옮기는 기계적 번역은 아직 신통치 않다. 두 언어 사이에 어원이 다르기 때문이다. 하지만 이런 기술적 한계는 정보통신 기술의 발달로 머지않아 무너질 것으로 보인다.

그러므로 인문·어문계열로 진로를 생각하고 있다면 진로 탐색 시 반드시 경력 단절과 더불어 정보통신 기술의 변화를 고려해 보기 바란다.

한눈에 보는 인문·어문계열 대학 정원

= 500명 = 1000명

관련 학과	4년제 대학		2~3년제 대학	
	언어학		일본어	
	국어 · 국문학		중국어	
	일본어 · 문학		영어	
	중국어 · 문학		유럽 · 기타어	
	기타 아시아어 · 문학		문예창작	
언어 · 문학	영미어 · 문학		교양어	
	독일어 · 문학			
	러시아어 · 문학			
	스페인어 · 문학			
	프랑스어 · 문학			
	기타 유럽어 · 문학			
	교양어 · 문학			
	문헌정보학		문헌정보	
	문학 · 민속 · 미술사학		문화	
	심리학		인문 일반	
인문 과학	역사 · 고고학			
	종교학			
	국제지역학			
	철학 · 윤리학			
	교양인문학			

만약 우리나라에 인문·어문계열을 졸업한 취업자가 100명이라면

👤 = 1명 👥 = 10명

학원 강사 및 학습지교사	18	👥👤👤👤👤👤👤👤👤
경영지원 및 행정 관련 사무원	13	👥👤👤👤
학교 교사	8	👤👤👤👤👤👤👤👤
영업원 및 상품중개인	7	👤👤👤👤👤👤👤
성직자 및 종교 관련 종사자	6	👤👤👤👤👤👤
판매원 및 상품대여원	4	👤👤👤👤
금융 및 보험 관련 사무원	3	👤👤👤
회계 및 경리 관련 사무원	3	👤👤👤
생산 관련 사무원	2	👤👤
비서 및 사무보조원	2	👤👤
작가 및 출판 전문가	2	👤👤
안내 · 접수, 고객 응대, 통계조사 관련 사무원	2	👤👤
경찰 · 소방 · 교도 관련 종사자	2	👤👤
무역 및 운송 관련 사무원	1	👤
작물재배종사자	1	👤
부동산중개인	1	👤
자동차 운전원	1	👤
보험 관련 영업원	1	👤
사회복지 및 상담전문가	1	👤
계산원 및 매표원	1	👤
식당 서비스 관련 종사자	1	👤
기타	20	👥👥

| 2 |

사회계열
돈과 규범으로 인간 사회에
질서를 부여하는 학문

　　　　　인문·어문계열 학과가 이상적이고 삶의 근본적인 문제를
다루는 반면, 사회계열 학과는 지극히 현실적인 문제를 다룬다. 굳이 비유
하자면 사회계열에는 차도남(차가운 도시 남자)과 차도녀(차가운 도시 여자)에게 어울
리는 학과가 많다.

　사회계열 학과로는 돈을 중심으로 세상에 질서를 부여하는 경영학과와
경제학, 법률을 중심으로 질서를 부여하는 공법학과, 사법학과, 법학과가
있다. 그리고 법률 외에 다른 경험적 대안, 소통 등의 방안을 모색하는 정
치학과, 외교학과, 행정학과, 사회학과, 언론방송학과, 사회복지학과 등이
있다. 사회계열 학과는 돈으로 표현되는 것과 법과 제도로 인간 사회에 질
서를 부여하는 것이 주된 관심사다. 수능 기준으로 보면 사회탐구 분야 중
에서 법과 정치, 경제, 사회문화 과목을, 그리고 직업탐구 중에서는 상업정

보 과목을 심화해 공부한다.

사회계열 학과를 졸업할 경우 회계사, 경영지도사, 세무사, 기자, 사회복지사, 외교관, 지역문제전문가 등 매우 다양한 직업을 선택할 수 있다. 이 중에는 비교적 실용성이 높고 현실적인 가치를 추구하는 직업이 많이 포함되어 있다.

취업은 잘되지만 대인관계 스트레스가 많다

사회계열에서는 합리적이고 냉철한 머리를 사용하도록 교육받기 때문에 분석력과 법 해석 능력, 수치 해석 능력 등이 중요하다. 사회는 크게는 헌법과 법률부터 작게는 사규(社規, 회사의 규칙)와 작은 모임의 회칙에 이르기까지 각종 규정에 의해서 운영되므로 이들 규정을 만들고, 시행된 법, 제도, 기업 활동 등이 적절한지 분석하기 위해 수치로 성과를 측정·관리하기 때문이다. 예를 들어 개인이나 기업, 국가는 돈을 벌고 쓰기 위해 경영 및 경제활동을 한다. 이런 활동 중에는 누가 우수한지, 실적·성과가 좋은지 숫자(예: 판매 실적, 시청률, 지지율 등)로 분석하고 표현하는 일이 많다. 그래서 숫자, 특히 통계에 대한 감각이 좋으면 이 분야에서 사회활동을 하는 데 많은 도움이 된다.

문과에서 가장 높은 비율을 차지하는 사회계열의 경우 일자리가 많기 때문에 취업은 상대적으로 잘되지만, 공부하는 내용이 비교적 어렵고 많은 사람과 생존 및 실적 경쟁을 해야 하는 일이 많아 대인관계로 인한 스트레스가 많다. 흔히 법원, 경찰서, 세무서를 멀리하라는 말들을 하는데, 이런 곳을 가까이하면 그만큼 행복이라는 단어와 멀어진다는 의미다. 사회계열 직업의 단면을 잘 드러내 주는 표현이라 하겠다.

　사회계열의 경우 학과별로 배우는 내용이나 학습 강도, 취업률, 요구되는 능력 등의 편차가 많으므로 학과 특성을 꼼꼼히 살펴볼 필요가 있다. 예를 들어 경제학과의 경우 수학 등이 많이 활용되지만, 사회복지학과의 경우 그렇지 않다. 또한 경영학과나 경제학과의 경우 비교적 취업이 잘되는 편이나, 정치외교학과의 경우 취업률이 그다지 높지 않다.

| 한눈에 보는 사회계열 대학 정원 |

👤 = 500명 👥 = 1000명

관련 학과		4년제 대학	2~3년제 대학	
경영 · 경제	경영학	(그림)	경영 · 경제	(그림)
	경제학	(그림)	관광	(그림)
	관광학	(그림)	금융 · 회계 · 세무	(그림)
	광고 · 홍보학	(그림)	무역 · 유통	(그림)
	금융 · 회계 · 세무학	(그림)		
	무역 · 유통학	(그림)		
	교양경상학	(그림)		
법률	법학	(그림)	법	(그림)
사회 과학	가족 · 사회 · 복지학	(그림)	가족 · 사회 · 복지	(그림)
	국제학	(그림)	비서	(그림)
	도시 · 지역학	(그림)	언론 · 방송	(그림)
	사회학	(그림)	행정	(그림)
	언론 · 방송 · 매체학	(그림)		
	정치외교학	(그림)		
	행정학	(그림)		
	교양사회과학	(그림)		

| 만약 우리나라에 사회계열을 졸업한 취업자가 100명이라면 |

👤 = 1명　👤 = 10명

경영지원 및 행정 관련 사무원	20	👤👤
영업원 및 상품중개인	9	👤👤👤👤👤👤👤👤👤
회계 및 경리 관련 사무원	6	👤👤👤👤👤👤
금융 및 보험 관련 사무원	6	👤👤👤👤👤👤
판매원 및 상품대여원	5	👤👤👤👤👤
생산 관련 사무원	4	👤👤👤👤
학원 강사 및 학습지교사	4	👤👤👤👤
경찰 · 소방 · 교도 관련 종사자	3	👤👤👤
경영지원 · 행정 및 금융 관련 관리자	2	👤👤
사회복지 및 상담전문가	2	👤👤
자동차 운전원	2	👤👤
안내 · 접수, 고객응대, 통계조사 관련 사무원	2	👤👤
부동산중개인	2	👤👤
비서 및 사무보조원	2	👤👤
금융 · 보험 관련 전문가	2	👤👤
경영 및 행정 관련 전문가	1	👤
작물재배종사자	1	👤
보험 관련 영업원	1	👤
회계 · 세무 및 감정평가 관련 전문가	1	👤
무역 및 운송 관련 사무원	1	👤
계산원 및 매표원	1	👤
법률 관련 사무원	1	👤
식당 서비스 관련 종사자	1	👤
기타	21	👤👤👤

78

| 3 |

교육계열
지식과 기술에 대한 나눔의 미학을 배우는 학문

교육계열 학과로는 교육학과, 유아교육학과, 특수교육학과, 초등교육학과, 각종 과목(영어, 국어, 역사, 과학, 사회 등)별 교육학과 등이 있다. 해당 학문에 대한 지식과 문화를 전달하는 방법을 배우므로 많이 아는 것보다 자신이 알고 있는 지식을 효과적으로 전달하는 표현력이 더욱 중요하다. 그리고 교육 대상자가 대개 미성년자이므로 이들의 이야기를 잘 들어주고 이해할 줄 아는 공감 능력이 중요하다. 또한 목소리와 발음이 좋다면 금상첨화다. 따라서 교육계열 전공자의 주된 고민거리는 '어떻게 하면 쉽고 재미있게 가르칠 수 있을까'이다.

교육 관련 학과 학생의 경우 대학 졸업 후 초·중등학교 교사, 학원 강사 등으로 직업 진로를 모색하는 사례가 많다. 수능 기준으로 보면 국어, 수학, 사회탐구, 과학탐구 등에서 하나를 선정해 교과목 교사 또는 강사로 활동한다.

초·중등학교 교사가 되려면 졸업 후 임용시험을 통과해야 하며, 각종 면 허증과 자격증이 필요하다. 우선 정교사 자격증을 취득해야 하며, 승진과 관련해서 각종 자격증이 필요하며, 교사가 된 이후에도 각 교과별로 진로 교사, 발명교사 등의 자격증을 취득해야 한다.

또한 특수교육학과와 유아교육학과의 경우 비교적 취업은 잘되는 편이 나 관련 직종에 종사하는 사람들의 급여가 높지 않다는 게 단점이다.

기업 교육 관련 인력이 늘어날 것이다

문과와 이과 가운데 어디로 가야 할지 명확하지 않은 사람이라면 교육계 열을 눈여겨보기 바란다. 예를 들어 물리교육과, 수학교육과, 화학교육과, 컴퓨터공학교육과 등의 경우 교육 관련 과목과 공학 과목이 섞여 있으므 로 문과 또는 이과 성향이 필요한 과목이 많다.

그리고 교육계열을 선택하고자 한다면 교육 자원 감소 문제를 충분히 고려해 봐야 한다. 출산율 저하로 교육 대상인 학생의 숫자가 갈수록 줄어 들고 있는데, 이런 추세는 장기간 지속될 것으로 보인다. 저출산 문제는 자 연스럽게 고령화 문제로 연결된다. 상대적으로 젊은 인구가 감소하고, 의 료 기술의 발달로 생명이 연장되어 노인 인구가 증가하므로 사회는 갈수 록 고령화된다. 사회가 고령화된다는 것은 생산과 소비 등의 경제활동뿐 만 아니라 교육과 관련해서도 중요한 시사점을 제공한다.

그동안은 유아, 어린이, 청소년이 교육의 주된 대상층이었다. 그런데 고령화로 인해 성인 및 노인으로 대상층이 확대되어 가고 있다. 아울러 정규 교육의 기능 및 역할이 줄어들고, 학교가 아닌 학원, 평생교육원, 직업훈련기관 등에서 실시하는 비정규 교육이 늘어나고 있다. 교육계열에서 진로를 찾고자 한다면 이 점을 충분히 고려해야 한다.

앞으로는 학문적 교육보다는 직업 훈련이 더욱 확대될 것이다. 기술 융합 및 사회 변화가 빨라짐에 따라 직업 훈련의 필요성이 커지고 있기 때문이다. 따라서 기업 측면의 직업 훈련과 관련한 사회적 요구 및 인력이 늘어날 수 있다. 예를 들어 컴퓨터 프로그램도 과거와 비교하여 자주 업그레이드되고 있다. 기업은 변화된 내용을 근로자에게 설명해 주고, 사용 방법을 알려 줘야 한다. 그리고 수시로 새로운 제도가 생겨나고 변화한다. 개인정보보호 관련 법, 저작권법, 기초연금법 등이 그렇다. 기업이나 훈련기관은 새롭게 바뀐 법의 내용을 가르칠 인력이 필요하다. 다시 말해 사람들이 교육을 받을 일이 많아지므로 기업 교육과 관련한 인력의 사회적 요구는 늘어날 것으로 보인다.

한눈에 보는 교육계열 대학 정원

👤 = 500명 👥 = 1000명

관련 학과	4년제 대학		2~3년제 대학	
교육 일반	교육학	👥👤	사회 · 자연교육	👤
유아 교육	유아교육학	👥👤👥	유아교육	👥👥👥👥👥👥👥👥👥👥 👥👤
특수 교육	특수교육학	👥👤	특수교육	👤
초등 교육	초등교육학	👤		
중등 교육	언어교육	👥👤👥		
	인문교육	👤		
	사회교육	👤		
	공학교육	👤		
	자연계교육	👥👤👤		
	예체능교육	👥👤		

| 만약 우리나라에 교육계열을 졸업한 취업자가 100명이라면 |

👤 = 1명 👥 = 10명

학교 교사	52	
학원 강사 및 학습지교사	9	
보육교사 · 육아도우미 및 생활지도원	8	
유치원교사	5	
경영지원 및 행정 관련 사무원	5	
판매원 및 상품대여원	3	
사회 서비스 관련 관리자(교육, 법률, 보건)	2	
영업원 및 상품중개인	2	
사회복지 및 상담전문가	1	
회계 및 경리 관련 사무원	1	
기타	12	

|4|

예체능계열

승자독식이 존재하는
경쟁의 세계

　　지금까지 필자는 직업 세계에서 '타고난 적성보다는 적응'
을 강조해 왔다. 하지만 안타깝게도 예체능계열의 경우 이런 주장을 할 수
없다. 사실 자신이 어떤 특정 분야에 대한 직업 능력을 가지고 있는지 알아
내기란 쉽지 않다. 하지만 예체능 분야의 경우 타고난 직업 능력을 쉽게 감
지할 수 있다. 예를 들어 절대음감이나 뛰어난 미적 감각과 운동 신경 등을
가졌을 경우 어린 시절부터 일상생활에서 두각을 드러내는 경우가 많다.

　이처럼 상당수 예체능계열 직업 종사자가 선천적으로 타고난 능력을 바
탕으로 조기 학습을 통해 능력을 더욱 향상시킨다. 그러므로 후발주자가
'적응과 노력'으로 경쟁하기엔 불리하다. 예체능계열 관련 직업 역시 타고
난 재능을 많이 활용한다. 체육계열의 경우 정신보다는 육체를 많이 활용
하며, 음악과 미술의 경우 이성보다는 감성이 강조된다. 그래서 체육계열

은 반복적 훈련이 중요하고, 예술계열은 창의성이 중요하다.

그리고 승자독식의 원칙이 철저히 작용된다. 드라마나 영화의 경우 주연 한 사람의 출연료가 나머지 출연자 모두의 출연료를 합한 것보다 많으며, 타율 좋은 투수 한 명의 연봉이 2군 투수 수십 명보다 높다. 또한 유명화가의 그림 한 점은 무명 화가 수천 명의 그림보다 비싼 값에 거래된다.

예술의 경우 시대적·사회적 트렌드에 민감하므로, 소위 말하는 '운칠기삼'이라는 말이 잘 어울린다. 운이 70퍼센트이고, 노력이 30퍼센트란 의미다. 다른 계열의 경우 노력한 만큼 결과가 나오는 경우가 많지만, 예체능계열은 신이 부여한 타고난 적성과 운이 중요하다는 얘기다. 따라서 뜨거운 열정이 성공의 중요한 열쇠다.

창조경제의 핵심 콘텐츠는 문화 콘텐츠다

예체능계열의 경우 졸업 후 가장 많이 종사하는 직업 순위는 예체능강사, 상점판매원, 시각디자이너, 스포츠 및 레크리에이션 강사, 기획 및 마케팅 사무원, 웹 및 멀티미디어디자이너, 패션디자이너, 중·고등학교 교사, 총무사무원, 미용사 등의 순이다.

예체능계열의 주요 학과로는 산업디자인학과, 시각디자인학과, 패션디자인학과, 실내디자인학과, 공예학과, 사진학과, 만화애니메이션학과, 사진학과, 영상예술학과, 무용학과, 뷰티아트과, 회화과, 동양화과, 서양화과, 응용미술학과, 조형학과, 연극영화과, 방송연예과, 음악학과, 국악학과, 기악학과, 성악학과, 작곡학과, 음향과, 체육학과, 경호학과 등이 있다.

　예체능계열 학과는 다음 세 가지 특징을 가지고 있다. 첫째, 수학을 많이 활용하지 않는다. 둘째, 교육 과정에서 실기 및 실습이 많다. 셋째, 다른 계열과 비교하여 선후배 서열 및 위계질서가 강하다.

　학교 교과목 중 미술, 음악, 체육 등과 직접적으로 관련되고, 수능 과목 중에는 한국사, 세계사와 관련성이 높다. 예체능은 문화와 밀접한 관련성이 있는데, 문화와 관련성이 높은 과목이 국사, 세계사이기 때문이다. 따라서 예체능계열 학과에 진학하면 문화와 관련한 과목을 수강할 기회가 많다.

　흔히 예체능계열 종사자의 직무 특성을 신체적 기능에 초점을 맞춘다. 예를 들어 그림을 잘 그리거나, 음감이나 운동 신경이 좋아야 하며, 창의력이 뛰어나야 한다고 생각한다. 맞는 이야기다. 하지만 또 다른 공통 능력은 단시간의 집중력이다. 짧은 시간에 몰입하여 성과를 뽑아내야 하는 일이 많다. 그리고 ‘구두 표현력’이 좋아야 한다. 예를 들어 아무리 좋은 디자인이라 할지라도 그 디자인이 가진 의미를 이야기로 잘 표현해 내지 못하면 인정받기 힘들다. 또한 예체능계열 학과 졸업자 가운데 교사나 강사, 코치 등의 직업을 갖는 경우가 많으므로 말을 잘해야 한다.

　의약으로 인간의 몸을 치료하는 의술과 예능으로 마음을 치료하는 예술의 역할은 고령사회, 물질만능의 현대사회에 있어 앞으로 그 중요성이 더욱 커질 것이다. 따라서 예체능계열의 직업 전망은 밝다고 볼 수 있다. 일정 수준 이상 경제가 성장하면 정신적인 활동이나 교양 활동 등이 발달한다. 창조경제의 핵심 콘텐츠는 문화 콘텐츠이며, 문화 콘텐츠의 상당수가 예술과 관련한 것들이다.

| 한눈에 보는 예체능계열 대학 정원 |

👤 = 500명　👥 = 1000명

관련 학과	4년제 대학		2~3년제 대학	
디자인	디자인 일반	👥👥👥	산업디자인	👥👥👤
	산업디자인	👥👥	시각디자인	👥👤
	시각디자인	👥👥	패션디자인	👥👤
	패션디자인	👤	기타디자인	👥👥👥👥👥👥👥👥👤
	기타 디자인	👥👥👥👤		
응용 예술	공예	👥	공예	👥
	사진·만화	👥	사진·만화	👥
	영상·예술	👥👥👥👤	영상·예술	👥👥👥👤
			뷰티아트	👥👥👥👥👥👥👥👤
무용·체육	무용	👥	무용	👤
	체육	👥👥👥👥👥👥👥👥👥👥👤	체육	👥👥👥👥👥👥👥👥
미술·조형	순수미술	👥👥👤	미술	👥
	응용미술	👥	조형	👥
	조형	👥		
연극·영화	연극·영화	👥👥	연극·영화	👥
음악	음악학	👥👥👥	음악	👥👥👤
	국악	👤	음향	👥
	기악	👥👥		
	성악	👥		
	작곡	👥		
	기타 음악	👤		

만약 우리나라에 예체능계열을 졸업한 취업자가 100명이라면

👤 = 1명 👨 = 10명

직업	인원	
학원강사 및 학습지교사	16	👨👤👤👤👤👤👤
디자이너	14	👨👤👤👤👤
경영지원 및 행정 관련 사무원	8	👤👤👤👤👤👤👤👤
판매원 및 상품대여원	6	👤👤👤👤👤👤
스포츠 및 레크리에이션 관련 종사자	5	👤👤👤👤👤
학교교사	5	👤👤👤👤👤
영업원 및 상품중개인	5	👤👤👤👤👤
창작 및 공연 관련 전문가	4	👤👤👤👤
생산 관련 사무원	2	👤👤
계산원 및 매표원	2	👤👤
식당서비스 관련 종사자	2	👤👤
영화·연극 및 방송 관련 전문가	2	👤👤
자동차운전원	2	👤👤
주방장 및 조리사	1	👤
회계 및 경리 관련 사무원	1	👤
비서 및 사무보조원	1	👤
금융 및 보험 관련 사무원	1	👤
보험 관련 영업원	1	👤
안내·접수, 고객응대, 통계조사 관련 사무원	1	👤
이·미용 및 관련 서비스 종사자	1	👤
기타	20	👨👨

| 5 |

자연계열
진리 탐구의 최선봉에서
횃불을 밝히는 기초학문

자연계열의 주요 학과로는 물리학과, 화학과, 생물학과, 수학과, 천문학과, 지질학과, 미생물학과 등이 있다. 자연계열은 자연철학적 주제들을 다룬다. 인류 역사에 큰 영향을 미친 주요 이론은 대부분 자연계열과 관련되어 있다. 다윈의 종의 기원, 아인슈타인의 상대성이론, 보어 및 코펜하겐학파의 양자론, 멘델의 유전법칙, 페르마의 정리, 멘델레예프의 주기율표 등이 근현대 과학의 핵심이다. 과학의 궁극적 목적은 진리 추구 및 탐구다.

자연계열에 속한 물리학, 수학, 화학, 생물학 등을 제외하고서는 자연철학을 논할 수 없다. 자연계열 학과들은 기초 과학이자 순수 학문이므로 학습 분량도 많고 학문의 깊이도 깊다. 따라서 4년제 학부 과정에서 전공을 제대로 소화하기는 사실상 어렵고, 대학원 과정을 밟아야 그 빛을 발할 수 있다. 자연계열 학과의 이러한 특성 때문에 학부 과정만 거친 사람이 과학자의 꿈을 펼치기는 쉽지 않다.

진로 설계 시 대학원 진학을 염두에 두자

과학자가 되겠다는 부푼 꿈을 안고 대학에 입학했지만, 대다수가 졸업 후 물리 및 어학 강사, 중·고등학교 교사, 상점판매원, 경리사무원, 영양사, 총무사무원, 제품 및 광고 영업 직원, 기획 및 마케팅 사무원 등으로 일한다. 다시 말해 자연계열 졸업자의 상당수가 전공과 관련성이 낮은 일을 하는 게 현실이다. 따라서 자연계열 학과로 진학을 희망한다면 진로를 설계할 때 사전에 대학원 진학을 고려하는 것이 좋다. 대학원 진학 시 자연계열 학과 외에 공학계열 학과 등으로 진로를 변경하는 것도 가능하다.

수능 과목으로 보면 수학을 심화해서 공부하며, 과학탐구 영역 중에서는 물리, 화학, 생물, 지구과학 등의 과목과 일치성이 높다. 직업탐구 중에서는 농업생명산업, 공업 등의 과목이 자연계열에 속한다. 따라서 자연계열을 전공하려면 수를 잘 다루어야 한다. 즉 논리력과 수리능력이 중요하다.

하지만 진정한 이과생이 되려면 진리 탐구를 위해서 반복적 풀이 과정과 실험을 참을 수 있는 끈기가 무엇보다 중요하다. 긴 실험과 고민 끝에 외치는 유레카(eureka, 무언가에 대한 답을 알아냈을 때 기쁨을 나타내는 말로 '바로 이거야!'라는 의미)의 기쁨을 안다면 당신은 진정한 자연계열 학과의 DNA를 갖고 있는 셈이다.

| 한눈에 보는 자연계열 대학 정원 |

👤 = 500명　👥 = 1000명

관련 학과	4년제 대학		2~3년제 대학	
농림 · 수산	농업학	👤	농수산	👤
	수산학	👤	원예	👤
	산림 · 원예학	👤		
생물 · 화학	생명과학	👥👥👥👥👥👥👥👥👥	생물	👥👤
	생물학	👥👤	자원	👤
	동물 · 수의학	👤	환경	👥
	자원학	👥👥👤		
	화학	👥👤		
	환경학	👥👥👥👤		
생활 과학	가정관리학	👤	가정관리	👤
	식품영양학	👥👥👥👤	식품 · 조리	👥👥👥👥👥👥👥👥👥👥👥👤
	의류 · 의상학	👤	의류 · 의상	👤
	교양생활과학	👥👤		
수학 · 물리 · 천문 · 지리	수학	👥👥👤	지적	👤
	통계학	👥👤		
	물리 · 과학	👥👥👤		
	천문 · 기상학	👤		
	지구 · 지리학	👤		
	교양 자연과학	👥👥👥👤👤		

만약 우리나라에 자연계열을 졸업한 취업자가 100명이라면

= 1명 = 10명

직업	인원
경영지원 및 행정 관련 사무원	13
학원강사 및 학습지교사	12
영업원 및 상품중개인	7
학교교사	6
판매원 및 상품대여원	5
생산 관련 사무원	4
회계 및 경리 관련 사무원	3
작물재배종사자	3
의료 및 보건서비스 관련 종사자	3
환경공학기술자 · 연구원 및 관련 시험원	3
금융 및 보험 관련 사무원	2
자동차 운전원	2
주방장 및 조리사	2
안내 · 접수, 고객응대, 통계조사 관련 사무원	1
식당서비스 관련 종사자	1
경찰 · 소방 · 교도 관련 종사자	1
디자이너	1
소프트웨어개발전문가	1
보험 관련 영업원	1
수의사	1
건축 · 토목 관련 기술자 및 시험원	1
보육교사 · 육아도우미 및 생활지도원	1
비서 및 사무보조원	1
계산원 및 매표원	1
낙농 및 사육 관련 종사자	1
기타	23

| 6 |

공학계열
이론을 응용하여 다양한 창작물을 만드는 실용학문

공학계열은 진리 탐구보다 실용성을 강조한 학문 분야다. 따라서 이론적 체계보다는 현상적 사실과 활용을 중시한다. 사실 과학자와 엔지니어를 엄격히 구분하기는 어렵다. 이론에 바탕을 둔 자기철학이나 추구하는 목적의 차이로 구분할 수 있다. 즉 과학자가 새로운 사실이나 현상을 탐구하여 이론을 정립한다면, 엔지니어는 그 이론과 탐구된 사실 및 현상에 기초하여 실생활에 도움이 될 새로운 기술을 개발한다.

사실 이 부분은 이공계 출신자들이 자주 하는 논쟁거리(과학자와 공학자의 구분 근거)다. 이런 논쟁에 대한 필자의 기준은 철학의 유무다. 아무리 앞선 기술과 이론도 그 속에 철학이 없다면 과학이 되지 못한다. 흔히 사람들은 공대 졸업자를 가리켜 '단순하다'라고 말한다. 공학계열은 새로운 실용가치를 위해 깊게는 파지만, 넓게 파지는 못하는 학문적 특성 때문이다.

논리력과 수리력이 필요하다

공학자는 궁극적으로 과학이론의 바탕 위에서 각종 제품이나 건축물 등을 만드는 사람이다. 예를 들어 작가가 글로써 자신의 생각을 표현한다면 공학자는 설계도면 위에서 자신의 생각을 표현하는 도면작가다. 건축가는 설계도면 위에, 기계공학자는 기계도면 위에, 컴퓨터공학자는 반도체 위에 자신의 생각을 그려 넣는다.

작가의 경우 자신의 생각을 자유롭게 표현할 수 있지만 공학자는 그럴 수 없다. 이론 및 논리체계, 경제성, 효율성, 안정성 등 여러 가지 문제를 고려해야 한다. 그래서 공학자는 인내력이 요구된다. 어떤 완성품이 나오기 위해서 끊임없이 같은 실험을 반복해야 하기 때문이다.

취업하여 일정 경력을 쌓은 후 공학자로 산다는 것은, 과학에 깊게 다가선 연구자의 길과 폭넓은 세상에 다가선 관리자의 길로 나뉜다. 전자의 경우 실험 및 개발 관련 업무가 중심이 되지만, 후자의 경우 조직관리, 성과관리, 개발지원, 영업 등의 직무와 결합된다. 즉 이과와 문과의 만남이라고 할 수 있다.

공학계열 졸업자들이 가장 많이 하는 일은 건축가 및 건축공학 기술자, 기계공학 기술자 및 연구원, 생산 및 품질관리 사무원, 제품 및 광고 영업원, 토목공학 기술자, 자재관리 사무원, 응용소프트웨어 기술자 등이다. 직업과 학과 간의 일치도가 높다. 사실 공학계열은 다른 어떤 계열 학과보다 다양한 전공학과로 구성된다. 열거하자면 기계공학과, 화학공학과, 전기공학과, 전자공학과, 컴퓨터공학과, 건축공학과, 토목공학과, 재료공학과, 로

94

봇공학과, 우주항공학과, 건축설비학과, 정보통신학과, 반도체학과 등 매우 다양한 학과가 공학계열에 있다.

수능 과목으로 보면 수학을 잘해야 하고, 과학탐구 영역 중에서는 물리, 화학, 생물, 지구과학 등의 과목이 공과계열 과목과 일치성이 높다. 직업탐구 중에서는 공업 등의 과목이 공과계열과 관련한 과목이다. 따라서 공학계열을 선택하려면 논리력과 수리능력이 뒷받침되어야 한다. 만약 기계나 제품을 보고 나는 저런 물건을 만들고 싶다거나, 분해해 보고 싶다는 욕구가 강하게 생긴다면 당신의 유전자는 공대 스타일이다.

끝으로 이공계는 진리 탐구에 가장 다가서 있는 학문이며, 동시에 가장 실용적인 학문이다. 부존자원이 부족한 우리나라의 경우 이공계는 포기할 수 없는 중요한 분야다. 우수한 인재가 이공계로 진로를 설정하는 것은 개인뿐만 아니라 국가적 차원에서 매우 중요하다. 앞으로 이공계 출신의 공학자가 직업 세계의 중심에 서게 될 미래를 꿈꿔 본다.

| 한눈에 보는 공학계열 대학 정원 |

👤 = 500명　👥 = 1000명

관련 학과	4년제 대학		2~3년제 대학	
건축	건축 · 설비공학	👥👥👤	건축 · 설비	👤
	건축학	👥👥👤	건축	👥👥👤
	조경학	👤	조경	👤
토목 · 도시	토목공학	👥👥👥👤	건설	👤
	도시공학	👤	토목	👥👤
교통 · 운송	지상교통공학	👤	지상교통	👤
	항공학	👥	항공	👤
	해양공학	👥	해양	👤
기계 · 금속	기계공학	👥👥👥👥👥👤	기계	👥👥👥👥👤
	금속공학	👤	금속	👤
	자동차공학	👤	자동차	👥👥👤
전기 · 전자	전기공학	👥	전기	👥👥👤
	전자공학	👥👥👥👥👤	전자	👥👥👤
	제어계측공학	👤	제어계측	👤
정밀 · 에너지	광학공학	👤	광학 · 에너지	👥
	에너지공학	👤		
소재 · 재료	반도체 · 세라믹공학	👤	반도체 · 세라믹	👤
	섬유공학	👤	섬유	👤
	신소재공학	👥👤	신소재	👤
	재료공학	👤	재료	👤

관련 학과	4년제 대학		2~3년제 대학	
컴퓨터 통신	전산학 · 컴퓨터공학	👤👤👤👤👤👤	전산 · 컴퓨터	👤👤👤👤
	응용소프트웨어 공학	👤	응용소프트웨어	👤👤
	정보 · 통신공학	👤👤👤👤👤👤👤👤 👤👤👤👤👤	정보 · 통신	👤👤👤👤👤👤👤👤 👤👤👤👤👤
산업	산업공학	👤👤	산업공학	👤
화공	화학공학	👤👤	화학공학	👤
기타	기전공학	👤	기전공학	👤👤
	응용공학	👤👤	응용공학	👤👤
	교양공학	👤👤		

| 만약 우리나라에 공학계열을 졸업한 취업자가 100명이라면 |

경영지원 및 행정 관련 사무원	10	👤
건축 · 토목 관련 기술자 및 시험원	10	👤
영업원 및 상품중개인	9	👤👤👤👤👤👤👤👤👤
생산 관련 사무원	7	👤👤👤👤👤👤👤
기계공학기술자 · 연구원 및 시험원	5	👤👤👤👤👤
소프트웨어개발전문가	5	👤👤👤👤👤
판매원 및 상품대여원	4	👤👤👤👤
전기 및 전자공학기술자 · 연구원 및 시험원	4	👤👤👤👤
건설 및 생산 관련 관리자	4	👤👤👤👤
데이터베이스 및 정보시스템운영전문가	3	👤👤👤
학원강사 및 학습지교사	2	👤👤
자동차운전원	2	👤👤
컴퓨터하드웨어 및 통신공학기술자 · 연구원	1	👤
회계 및 경리 관련 사무원	1	👤
기계장비설치 및 정비원	1	👤
전기 및 전자설비조작원	1	👤
금융 및 보험 관련 사무원	1	👤
전공	1	👤
경찰 · 소방 · 교도 관련 종사자	1	👤
화학공학기술자 · 연구원 및 시험원	1	👤
디자이너	1	👤
전기 · 전자기기 설치 및 수리원	1	👤
통신 · 방송장비기사, 설치 및 수리원	1	👤
계산원 및 매표원	1	👤
기타	23	👤👤👤👤👤

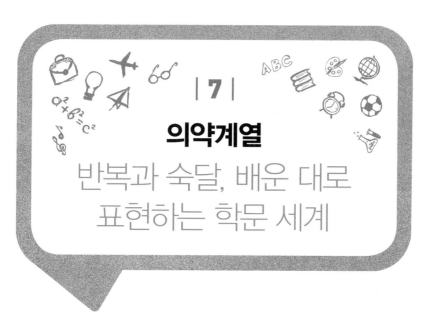

|7|

의약계열
반복과 숙달, 배운 대로 표현하는 학문 세계

　　　　　이과계열 학과들의 주된 관심 영역은 자연 및 사물이며, 사물의 특성을 파악하는 주요 방법론으로 수학이 많이 활용된다. 그러나 의약계열 학과의 경우 이과지만 이과 학문의 특성이 가장 약하게 드러나는 전공이 많으며, 의외로 수학을 많이 활용하지 않는다.

　의약계열은 이과계열과 달리 사람이 학문의 대상이며, 수학보다 임상이라는 방법을 주로 활용한다. 따라서 의약계열에는 이과지만 문과에서 많이 다루는 법(법의학, 의료법, 약사 법규 등), 생명윤리(윤리학, 철학 등), 인간 사회 및 제도(식품위생, 산업보건, 지역간호학 등), 행정(보건행정, 병원행정, 의무기록 등), 정신 심리(발달심리, 인지심리, 아동심리, 노인심리 등) 등이 많이 포함되어 있다.

　의약계열의 경우는 몇몇 학과를 제외하곤 수학을 그리 많이 쓰지 않는다. 중·고등학교에서 배운 확률과 통계를 심화시킨 보건의료 통계를 주로 배우므로 대학 입학 후 수학 공부를 계속해야 한다는 부담은 매우 적다.

공대계열 대학생들이 공학계산기를 들고 다닌다면, 의약계열 대학생들은 의약 용어와 임상 실습이라는 단어를 가까이하고 살아야 한다. 특히 졸업을 위해서 또는 취업을 위해서 실습은 가장 중요한 학습 및 수련 절차다. 인간을 대상으로 하기 때문이다. 작가의 실수는 지우개로 지울 수 있으나 의료인의 실수는 지울 수가 없다. 환자의 생명과 직결되는 의료사고로 연결되기 때문이다.

따라서 의료인은 반복과 숙달, 꼼꼼함이 가장 중요한 덕목이다. 시키는 대로, 학습한 대로 정확히 임무를 수행하기 위해서다. 사실 창의력과 호기심이 많다는 것은 평범한 의료인에게는 그리 중요한 능력이 아니다. 오히려 단점이 될 수 있다. 의약계열의 경우 직무 특성상 냉정한 머리가 필요하다. 그리고 선후배 관계에서 서열 및 위계질서가 강하다.

진로를 잘못 선택하면 퇴로가 없다

의약계열의 경우 대부분 졸업 후 진로가 명확하다. 의예과는 의사로, 약학과는 약사로, 한의예학과는 한의사로, 간호학과는 간호사로, 물리치료학과는 물리치료사로 일한다. 흔히 약학과를 졸업하면 약국을 개업한다고 생각하나 실제로는 병원, 제약회사, 연구소 등에 취업하는 사례가 많다.

의약계열 졸업자들이 주로 종사하는 직업은 간호사, 의사, 약사 및 한약사, 한의사, 치과의사, 치과기공사, 치과위생사, 물리 및 작업치료사, 안경사,

방사선사, 임상병리사 등이다. 특히 간호사의 경우 종사자 수가 많은 직업이다.

의약계열의 주요 학과로는 의학과, 치의학과, 한의학과, 간호학과, 약학과, 한약학과, 보건학과, 치위생학과, 임상병리학과, 방사선학과, 재활학과, 물리치료학과, 작업치료학과, 의료공학과, 의료장비과, 치기공과, 응급구조학과, 의무행정과 등이 있다.

수능 과목으로 보면 과학탐구 중에서 생물이 가장 연관성이 높으며, 화학, 물리 등의 과목을 심화 학습한다. 의약계열 학과의 경우 동일한 일을 반복적으로 정확히 수행할 수 있는 능력이 중요하며, 규칙적인 직업 생활을 할 수 있어야 한다. 병원 등에서 주로 일하므로 체력이 강해야 하며, 종합병원에서 근무할 경우 야근도 감내해야 한다. 이런 특성 때문에 취업은 잘되는 편이나 정신적·육체적 노동 강도가 높아 이직률도 높다.

따라서 슈바이처나 나이팅게일에 대한 책을 읽고 감상적인 태도로 의약계열에 입문하는 건 금물이다. 의료계열은 지극히 현실적이며, 명료한 자기 확신이 있는 학생에게 어울린다. 의약계열 학과는 입학한 뒤 학생의 진로 고민과 감상을 받아줄 여유가 없다. 너무 바빠서 진로 고민을 할 겨를이 없다. 아울러 전공 변경이 쉽지 않으므로 다른 직업을 갖기가 어렵다. 즉 진로를 잘못 선택할 경우 퇴로가 없으므로 입학 전에 신중히 접근해야 한다. 끝으로 의약계열의 경우 생명과학기술의 발달과 생명 연장, 고령화 등의 메가트렌드로 인한 혜택을 받을 수 있다.

| 한눈에 보는 의약계열 대학 정원 |

👤 = 500명 👥 = 1000명

관련 학과	4년제 대학		2~3년제 대학	
의료	의학	👥👥		
	치의학	👤		
	한의학	👤		
간호	간호학	👥👥👥👤	간호	👥👥👥👥👥👤
약학	약학	👥👤		
치료 · 보건	보건학	👥👥👤	보건	👥👥👥👥👥👥👥👥 👥👥👤
	재활학	👥👤	재활	👥👥👤
	의료공학	👤	의료장비	👥👤
			의무행정	👥👤

| 만약 우리나라에 의약계열을 졸업한 취업자가 100명이라면 |

👤 = 1명 👥 = 10명

간호사 및 치과위생사	27	👥👥👤👤👤👤👤👤👤
의사	18	👥👤👤👤👤👤👤👤👤
약사	13	👥👤👤👤
의료장비 및 치과 관련 기술 종사자	8	👤👤👤👤👤👤👤👤
경영지원 및 행정 관련 사무원	4	👤👤👤👤
치료사	3	👤👤👤
학원강사 및 학습지교사	3	👤👤👤
영업원 및 상품중개인	2	👤👤
판매원 및 상품대여원	2	👤👤
생산 관련 사무원	2	👤👤
금융 및 보험 관련 사무원	2	👤👤
학교교사	1	👤
기타	15	👥👤👤👤👤👤

문과계열 과목으로
진로 찾기

|1|
국어로 진로 찾기
모국어는 가장 강력한
표현 수단이다

'수할치, 봉받이, 매방소'라는 단어를 들어본 적이 있는지? 이 단어들의 뜻을 아는 사람은 별로 없을 것이다. 세 단어는 모두 '매를 부려 꿩을 잡는 사람'을 일컫는 말이다. 쉽게 말하자면 매사냥꾼이다. 1930년경 매사냥을 허가받은 사람은 무려 1740명에 달하였다. 하지만 6·25 전쟁 후 산업화의 발달로 공기총이 도입되면서 매사냥은 역사의 뒤안길로 사라져 갔으며, 이제는 매사냥을 생업으로 삼는 사람을 더 이상 찾아볼 수 없다.

이 때문에 이젠 '시치미'를 뗄 사람도 없다. '시치미'란 매의 주인을 밝히기 위하여 주소를 적어 매의 꽁지 속에 매달아 둔 네모꼴의 표식을 말한다. 매가 사라진 경우 매를 발견한 사람이 시치미를 보고 주인의 주소를 파악해 매를 돌려주었다. 그러면 매 주인은 답례로 닭 등을 주었다고 한다. 만약 매가 탐이나 주인에게 돌려줄 생각이 없다면 시치미를 떼어 버리면 그만이다. 바로 여기서 '시치미를 떼다'라는 말이 유래되었다고 한다. 이제는 매사냥꾼도 시치미를 떼는 사람도 우리 주위에서 찾아보기 어렵게 된 것이다.

이렇듯 우리말에는 시대별로 매우 정감 있는 다양한 말이 존재하며, 그 말과 관련한 유래와 속담 등에는 재미있는 이야기가 담겨 있다. 국어는 우리말의 과거부터 현재까지의 변천 과정과 각종 문학적 결과물을 배우는 과목이다. 아름다운 옛시조, 수필, 고전소설부터 근현대 시와 소설, 수필, 희곡 등을 배운다.

사실 국어 시간은 공부 시간이라기보다 휴식 시간이라 할 수도 있다. 만일 회사 업무 시간 중에 시나 소설, 수필, 희곡, 평론 등을 배우는 시간이 있다면, 직장인들은 이 시간을 휴식 시간이라 여길 것이다. 그런데 학생들은 국어 시간을 휴식 시간처럼 재미있는 시간으로 받아들이지 못한다. 왜냐하면 문법이나 작문 같은 까다로운 부분이 포함되어 있는 데다 국어가 수능 시험 과목이기 때문이다.

왜 국어를 배워야 할까

언어에는 수학처럼 똑떨어지는 정답이 없다. 중국의 대문호이자 사상가인 루쉰의 "애초에 길은 없었다. 많은 사람들이 걸으면 그것이 길이 된다"라는 말처럼 언어 또한 사람이 사용해야 의미를 가진다. 예를 들어 '시치미를 떼다'라는 말처럼 사람들이 계속 사용해 왔기 때문에 살아남는 말도 있지만 '수알치, 봉받이, 매봉소'처럼 사용하지 않아 사라지는 말도 있다.

정보통신 기술이 발달하고 각종 외래문화가 물밀듯이 들어오고 외래어가 난무하는 현실에서 국어 교육을 받지 않는다면, 사람들의 발길이 닫지 않아 길이 사라지듯 아름다운 전통과 문화가 담긴 우리말도 점차 사라질 것이다. 이것이 우리가 국어를 배워야 하는 중요한 이유다.

국어를 배워야 하는 또 다른 이유는 실용적 측면에서 그 의미를 찾을 수 있다. 대부분의 학생이 장차 직장 생활을 하는 데 영어 실력이 문제가 되지, 국어 실력은 그다지 문제가 되지 않을 것이라 생각한다. 다시 말해 국어가 직업적 능력 발휘에 큰 걸림돌이 되지 않을 것이라 생각한다. 그래서 대학생들은 영어 실력 쌓기에 매진한다. 하지만 이것은 잘못된 생각이다. 직장인이라면 누구나 한 번쯤 자신의 국어 실력이 빈약하다고 느꼈을 것이다. 특히 기획안을 작성하거나 사람들 앞에서 발표를 할 때 국어 실력의 중요성은 더욱 두드러진다. 그리고 기자나 작가처럼 국어를 많이 활용하는 직업인이라면 더욱 중요하다.

직장에서 일을 처리할 때 주로 사용하는 언어는 외국어가 아니라 모국어다. 매일 우리말로 사람들과 대화를 나누거나 상대를 설득하고, 회의를 하며, 보고서·기획서·입찰서류 등을 작성하고, 메일을 보낸다. 자신의 의견을 얼마나 잘 표현하느냐는 직장 생활에 있어 매우 중요하다.

외국어로 모국어 수준의 의미를 전달하는 것은 사실상 불가능하다. 높은 수준의 글을 작성하거나 매우 정교한 의미를 전달해야 할 일이 생기면 모국어를 사용한다. 예컨대 문예 창작, 철학적 연구, 평론, 시 등 보다 정교함이 필요한 글이나 작품, 대화 등은 모국어로 이루어진다. 카피라이터, 시인, 평론가, 연설가, 철학자, 작가, 소설가, 연출가 등이 이런 일을 직업으로 삼고 있는데, 이들은 보다 정교한 디테일을 만드는 창작의 고통과 표현의 한계를 극복해야 한다.

한국에서 노벨문학상 수상자가 나오지 않는 것은 작품 수준이 낮아서가 아니라 미묘한 우리말의 맛을 느낄 수 있는 평론가가 없기 때문이란 얘기가 있다. 다시 말해 모국어 사용자에게 전달되는 그 느낌을 외국인은 제대로 번역하지 못하기 때문이다. 이처럼 국어는 모국어 사용자가 느낄 수 있는 디테일(미묘함)을 만들어야 하기에 어려운 것이다. 지금 나의 국어 실력이 빈약해 '디테일'을 우리말로 표현하지 못하는 것처럼, 국어 학습의 또 다른 이유는 언어적 디테일을 만들기 위함이다.

국어를 잘하면 유리한 직업

직장 생활을 할 때 국어와 가장 밀접한 관계가 있는 업무는 문서 작성, 즉 글쓰기다. 글쓰기처럼, 일상적인 대화가 아닌, 문장에서 사용되는 말을 문어(文語)라고 한다. 이때 중요한 것은 글의 논리성, 독창성, 구성과 형식(문법 포함)이다. 문어에 비해 파급력과 전파력은 약하지만 문어보다 더 빈번히 활용되는 것은 구어(口語), 즉 직접 입으로 주고받는 말이다. 구어 사용에 있어서 가장 중요한 능력은 핵심 키워드를 사용해 의미를 정확히 전달하는 것이다. 회의, 토론, 발표, 강의, 인터뷰 등을 할 때 제한된 시간 내에 의미를 정확히 전달하는 것은 결코 쉬운 일이 아니다.

직업 세계에서 구어적 표현과 문어적 표현의 차이는 설득력이다. 우리는 말로 거래를 성사시키고 서로의 의사를 교환한다. 이때 딱딱한 문어체로 말하면 상대를 설득하는 데 오히려 장애가 되는 경우가 많다. 왜냐하면 인간은 감성의 지배를 받는 동물이기 때문이다. 아무리 논리적으로 옳고 타당한 말일지라도 듣는 사람이 불쾌해하면 설득하기가 어려워진다. 다시 말해 거래를 성사시키기 힘들다. 그러므로 일상적인 대화를 나눌 때는 논리성보다는 설득력이 중요하다.

일반적으로 회사 기획 부서, 홍보출판팀, 연구부서 등에서는 보고서 및 기획안을 검토하거나 작성할 일이 많다. 따라서 이과계열보다는 문과계열 출신이 국어를 더 많이 활용한다. 또한 기술직, 기능직, 영업직보다 사무직에서의 활용도가 높고, 고학력 전문직으로 갈수록 그 중요성은 더욱 커진다.

언어는 표현의 수단이다. 시인은 시로, 영화감독은 영상 작품으로, 음악가는 곡이나 노랫말로 자신의 생각과 감정을 표현한다. 그런데 동일한 말도 어떻게 표현하느냐에 따라 그 결과가 크게 달라진다. '어이아이(於異阿異, 어 다르고 아 다르다는 뜻)'라고 하지 않던가? 사람들은 아주 미묘한 표현의 차이도 금세 알아차린다. 그래서 국어는 감수성과 관련 있다. 흔히 국어를 좋아하는 사람 가운데 섬세한 성격을 가진 사람이 많다.

국어는 창의성과도 밀접한 관계를 가지고 있다. 창의성 하면 과학자를 떠올리기 쉬운데, 의외로 과학자보다 국어와 관련된 일을 하는 사람이 창의성이 높다. 예를 들어 물리학자는 남들이 모르는 내용을 세상에 알리기 위해 논문을 쓰므로 독창적인 글쓰기를 할 수 없다. 반면 시인은 누구나 다

아는 내용도 쉽게 알아차리지 못하도록 독창적으로 표현하므로 창의성이 남다르다. 사람들은 동일한 이야기도 다른 각도에서 새롭게 표현하는 걸 좋아하기 때문이다.

그렇다면 국어는 어떤 직업에 많이 활용될까? 일반인이 생각하기에는 영어가 활용되는 직업이 많을 것 같지만, 의외로 국어 능력을 요구하는 직업이 훨씬 많다.

글쓰기 능력이 중요한 직업으로는 소설가, 수필가, 평론가, 칼럼니스트, 시인, 논술강사, 취재기자, 편집기자, 방송작가, 동화작가, 출판편집자, 판사, 번역가, 투자분석가, 행정부 고위공무원, 외교관 등이 있다.

말하기 능력이 중요한 직업으로는 아나운서, 검사, 변호사, 쇼핑호스트, 공인노무사, 만화가 및 애니메이터, 통역사, 기상캐스터, 성우, 배우, 유치원교사, 초등학교교사, 중등학교교사, 학원강사, 직업훈련교사, 상담전문가, 임상심리사, 심리치료사, 언어치료사, 독서지도사 등이 있다.

글쓰기와 말하기 능력이 모두 필요한 직업으로는 대학교수, 인문과학연구원, 사회과학연구원, 경영컨설턴트, 광고 및 홍보전문가, 통상전문가, 논술지도사 등이 있다. 흔히 번역가, 통역사의 경우 영어를 잘해야 한다고 생각하는데, 실제로는 번역 및 통역은 우리말로 전달하는 능력이 중요하므로 국어 능력이 상당히 요구되는 직업이다.

국어와 관련 있는 학과

국어의 경우 모든 학과와 직간접적으로 관련성을 가진다. 특히 국어국문학과, 문예창작과, 언론 및 방송 관련 학과, 통·번역학과, 언어학과, 언어교육과, 국어교육과 등이 관련성이 높다.

각 계열별로 국어와 관련 있는 학과를 구체적으로 살펴보면 다음과 같다. 굵게 표시된 부분은 해당 계열의 교육과정 내에서 상대적으로 국어를 많이 활용하는 학과다.

- 인문계열 : **국어국문학과, 문예창작과, 언어학과,** 일본어·문학과, 중국어·문학과, 영어·문학과, 독일어·문학과, **통·번역학과,** 기타 어학 및 문학과
- 사회계열 : **언론·방송·매체 관련 학과,** 사회학과, **광고 및 홍보 관련 학과**
- 교육계열 : **언어교육과, 국어교육학과**
- 예체능계열 : 디자인 관련 학과, 사진학과, **만화애니메이션학과,** 미술학과, **음악과(작사 분야), 연극영화과(시나리오 분야), 국악과**
- 공학계열 : 산업공학과, 소방방재학과
- 자연계열 : 의류·의상학과

| 국어 과목 속 학과 찾기, 직업 찾기 |

앞의 글을 읽은 후 관심과 흥미가 유발된 학과(전공)에 대해 조사해 보자.

1순위 학과(전공)	2순위 학과(전공)	3순위 학과(전공)	작성법
			전공필수 과목, 실기 및 실습 유무, 대학 재학 중에 취득해야 할 자격증 등을 조사해 보자.
평가:	평가:	평가:	교과 내용과 적성 일치도(적성검사 비교 등), 학업의 난이도, 주변 사람들의 적합도, 전공 관련 교과목 성적은 어떤지 평가해 보자.

앞의 글을 읽고 흥미가 유발된 직업에 대해 조사해 보자. 하는 일, 되는 방법, 직업 전망 등을 살펴본 뒤 자신의 직업 목표로 설정하는 것이 타당한지 평가해 보자.

하는 일	되는 방법	직업 전망
해당 직업인이 되었을 때 하는 일을 구체적으로 조사해 보자.	해당 직업인이 되기 위해 준비해야 할 것들을 해낼 자신이 있는지 스스로 평가해 보자.	인터넷 자료, 직업 관련 서적, 방송 및 신문기사, 주위 사람의 판단 등을 통해 직업 전망을 파악해 보자.
평가 : 적성, 흥미, 하는 일의 난이도, 작업 환경 등이 내가 희망해 온 직업과 맞는지 평가해 보자.	평가 : 전공과목과 관련된 교과목 성적, 수능 점수, 요구 학력, 자격증 등을 냉정하게 평가해 보자.	평가 : 이 직업의 발전 가능성, 취업 전망, 소득 수준 등을 평가해 보자. 가족 가운데 관련 종사자 유무 등을 조사해 보자.

평가 결과 분석
• 하는 일, 되는 방법, 직업 전망 가운데 3개 모두 맞거나 일치하면 '목표 직업'으로 설정
• 하는 일, 되는 방법, 직업 전망 가운데 2개가 맞거나 일치하면 '관심 직업'으로 설정
• 하는 일, 되는 방법, 직업 전망 가운데 1개 이하가 맞거나 일치하면 '다시' 설정

| 2 |

영어로 진로 찾기

영어는 애물단지가 아닌
보물단지다

지구촌 내 가장 많은 국가와 민족이 배우는 언어가 있다. 전체 70억 명 인구 중 10억 명 이상의 인구가 이 언어를 학습한다. 그리고 이 언어를 배우는 사람들은 지식, 기술, 경제적 부 등에서 상위 계층이다. 따라서 이 언어 구사 능력은 국가의 발전뿐만 아니라 개인의 발전이란 측면에서도 매우 중요하다. 다들 짐작하겠지만 이 언어는 다름 아닌 영어다.

흔히 글로벌 인재가 되기 위한 제1조건을 영어라고 생각하는 경향이 있다. 하지만 글로벌 인재가 되기 위해 보다 중요한 능력은 '열린 사고(Open Mind)'다. 열린 사고는 나와 다른 '다양성'을 인정하는 자세다. 다른 문화, 다른 특성 등을 이해하면 다른 것을 쉽게 받아들일 수 있다. 이때 외국어, 특히 영어 능력은 수많은 다양성을 접하고, 상대를 더욱 빨리 이해할 수 있도록 도와주는 중요한 역할을 한다.

우리가 영어라는 도구를 잘 활용하면 좀 더 큰 생각, 좀 더 넓은 생각, 좀 더 열린 생각을 가질 수 있다. 영어는 사고의 확장, 지식의 확장, 인간관계의 확장 등에서 중요한 역할을 수행한다. 영어는 활용하기에 따라 매우 중요한 보물단지가 될 수 있다.

하지만 영어는 애물단지기도 하다. 초등학생부터 중학생, 고등학생, 대학생, 직장인까지 많은 사람이 영어 때문에 스트레스를 받는다. 영어는 대학 입시의 관문이며, 취업을 위한 절차이며, 승진 및 연수 등의 기회를 위한 중요한 수단이기 때문이다. 하지만 영어를 애물단지로 생각한다면 평생 영어를 잘할 수 없으며, 설령 잘한다고 하여도 상처가 많은 승리가 될 것이다.

우리가 영어를 스트레스로 받아들이는 것은 잘못된 교육 때문이다. 사실 영어는 스트레스로 가득한 애물단지가 아니라, 재미가 듬뿍 담긴 보물단지다.

영어를 놀이도구로 삼아라

인간이 만든 가장 멋진 놀이 도구가 뭘까? 이십여 년 전에 이 질문을 했다면 텔레비전이란 대답이 많이 나왔을 것이고, 지금은 인터넷이나 스마트폰이란 대답이 많이 나올 법하다. 이 질문에 대한 나의 생각은 바로 '언어'다. 언어는 인간이 만들어 낸 가장 멋진 놀이도구다. 우리는 언어로 서로의 생각을 교류하고, 감정을 읽고, 감동을 받는다. 그리고 언어를 사용하여 일한다. 그런데 문제는 모국어부터 외국어까지 언어가 너무 다양하다는 것이다. 그중 영어는 외국어 가운데 가장 많은 사람이 사용하는 국제 공용어다.

이 넓은 세상에는 다양한 사람, 수많은 책과 음악, 영화가 펼쳐져 있다. 그런데 외국어를 잘하면 그 재미난 것들을 더욱 풍부하게 느끼고 즐기고 맛볼 수 있다. 생각해 보라! 우리말 더빙보다, 원어로 즐기는 영화가 훨씬 재미있지 않은가? 아무리 번역을 잘해도 전달되지 않는 그 느낌을 외국어를 잘하면 그대로 느낄 수 있는 것이다. 언어는 결코 완벽히 통역되지도 번역되지도 못한다.

채소 가운데 '가지'를 영어로 '에그 플랜트(eggplant)'라고 한다. 다들 이 단어를 들으면 고개를 갸우뚱거릴 것이다. 가지는 길쭉한 오이 모양에 가까운데 왜 이런 이름이 붙었을까? 서양 가지는 우리나라 가지와 달리 말 그대로 달걀 모양이기 때문이다. 이처럼 번역이나 통역되는 순간 원래의 의미와 언어의 맛, 느낌, 지식 등이 정확히 전달되지 못한다. 쉽게 말해 재미가 덜해진다. 그래서 우리는 외국어를 배우는 것이다. 특히 국제 공용어인 영어를 배워야 하는 이유가 여기에 있다. 그러니 영어는 배우는 것이 아니라 즐겨야 한다.

그리고 영어라고 다 같은 영어가 아니다. 영국 사람들은 자신의 영어를 '잉글리시(English)'라고 표현하고, 미국의 영어는 '아메리칸 잉글리시(American English)'로 구분한다. 영어를 사용하는 국가마다 사물을 표현하는 방법도 다양하다. 우리나라 사람들이 흔히 마시는 '아메리카노(Americano)'를 호주에서는 '롱 블랙 커피(Long Black Coffee)'라 부르며, 영국에서는 '블

랙 커피(Black Coffee)'라 한다. 지하철도 우리나라와 미국에서는 '서브웨이
(Subway)', 영국은 '언더그라운드(Underground)' 또는 '튜브(Tube)', 프랑스는 '메
트로(Metro)'라고 표현한다. 영어는 이처럼 사용 국가마다 다른 표현법을 가
진 재미있는 언어다.

우리가 영어를 대학 입시, 취업, 승진 등의 목표를 달성하기 위한 도구로
만 생각한다면, 영어는 영원한 애물단지가 될 것이다. 하지만 영어를 배우
는 궁극적 목적을 새로운 지식, 더 넓은 세상, 더 많은 사람, 더 풍부한 인
생, 더 즐거운 인생을 만들기 위한 수단에 둔다면 영어는 결코 학습의 대상
이 아니라 멋진 놀이 도구가 될 것이다.

영어라는 보물단지 속에는 흥미진진한 소설이 있고, 아름다운 영화와
흥겨운 팝송이 있으며, 다른 국가의 재미있는 친구가 있으며, 우리가 궁금
해하는 수많은 질문에 대한 답들이 있다. 영어는 학문이 아니라 더 넓은 세
상, 더 풍부한 삶을 위한 재미있는 놀이 도구다. 이것이 우리가 영어를 배
우는 진정한 이유다. English makes your life better and richer!

영어를 잘하면 유리한 직업

그렇다면 영어는 직장 생활에서 어떻게 활용될까? 직업 세계에서 영어는
폭넓게 활용되는데, 특히 정보 및 자료 수집에 많이 활용된다. 즉 말하기
능력보다 읽기 능력이 더 많이 필요하다는 얘기다. 물론 해외 출장이나 외
국인 응대 등을 할 때는 말하기 능력을 갖추어야 한다. 하지만 일반 직장인

이 외국인과 자주 접하며 이야기할 기회는 생각보다 많지 않다.

영어를 많이 사용하는 직업으로 통역사, 번역가, 외교관, 외환딜러, 비행기 승무원, 바이어, 컨벤션기획자, 호텔리어, 글로벌 지역전문가(영어권), 국제기구 종사자, 항공기 조종사, 변리사, 항공교통관제사, 자연과학·사회과학 연구원, 영어 교사·강사 등이 있다.

이런 직업을 가진 이들의 영어 능력은 크게 말하기, 읽기, 쓰기 능력으로 구분된다. 통역사, 비행기 승무원, 바이어, 컨벤션기획자, 호텔리어, 항공기 조종사 등은 말하기 능력이 중요하다. 반면 번역가, 자연과학·사회과학 연구원 등은 말하기보다 읽기 능력이 중요하다. 번역서나 논문의 경우 전문용어가 많고, 문장의 내용 및 구조가 어려워 읽기가 쉽지 않기 때문이다. 국제기구 종사자 및 영어 교사·강사의 경우 읽기, 쓰기, 말하기 등 모든 능력을 골고루 겸비해야 된다. 특히 국제기구 종사자의 경우 영어로 보고서를 작성해야 하는 일이 많으므로 세 가지 능력 가운데 쓰기 능력이 가장 중요하다.

영어와 관련 있는 학과

영어를 가장 많이 활용하는 학과로는 인문계열의 영어통역학과, 영어번역학과, 영어영문학과가 있으며, 교육계열의 영어교육학과가 있다. 이들 학과의 경우 높은 수준의 영어 실력이 요구된다. 그리고 교육 과정 속에서 영어를 잘하면 이점이 많은 학과로는 국제지역학과, 관광학과, 무역·유통학과, 국제학과 등이 있다. 이들 학과 졸업자는 영어를 많이 사용하는 곳으로 진출할 가능성이 높기 때문이다.

영어의 활용도가 높은 학과의 상당수가 문과에 포함되어 있다. 반면 이과의 경우 동시통역이나 리포터 작성 등 높은 수준의 영어를 요구하지는 않는다. 하지만 사용하는 전문용어가 대부분 영어인 경우가 많으며, 정보통신 관련 기업의 경우 우리나라 기업에 취업한 외국인도 많고, 반대로 우리나라 사람이 외국계 기업에 진출할 기회도 많으므로, 입사 후 영어가 많이 활용되는 편이다.

각 계열별로 영어와 관련 있는 학과를 구체적으로 살펴보면 다음과 같다. 굵게 표시된 부분은 해당 계열의 교육과정 내에서 상대적으로 영어를 많이 활용하는 학과다.

- 인문계열 : **영어학과, 영어영문학과, 영어통번역학과, 국제지역학과**
- 사회계열 : 경영학과, **관광학과**, 광고·홍보학과, **무역·유통학과**, 도시·지역학과, 항공서비스학과, **국제학과, 국제지역학과**, 비서학과
- 교육계열 : **영어교육학과**, 유아교육학과
- 공학계열 : 항공우주공학과, 항공교통학과, 게임공학과, 컴퓨터소프트웨어학과, 전산학과

| 영어 과목 속 학과 찾기, 직업 찾기 |

앞의 글을 읽은 후 관심과 흥미가 유발된 학과(전공)에 대해 조사해 보자.

1순위 학과(전공)	2순위 학과(전공)	3순위 학과(전공)	작성법
			전공필수 과목, 실기 및 실습 유무, 대학 재학 중에 취득해야 할 자격증 등을 조사해 보자.
평가 :	평가 :	평가 :	교과 내용과 적성 일치도(적성검사 비교 등), 학업의 난이도, 주변 사람들의 적합도, 전공 관련 교과목 성적은 어떤지 평가해 보자.

앞의 글을 읽고 흥미가 유발된 직업에 대해 조사해 보자. 하는 일, 되는 방법, 직업 전망 등을 살펴본 뒤 자신의 직업 목표로 설정하는 것이 타당한지 평가해 보자.

하는 일	되는 방법	직업 전망
해당 직업인이 되었을 때 하는 일을 구체적으로 조사해 보자.	해당 직업인이 되기 위해 준비해야 할 것들을 해낼 자신이 있는지 스스로 평가해 보자.	인터넷 자료, 직업 관련 서적, 방송 및 신문기사, 주위 사람의 판단 등을 통해 직업 전망을 파악해 보자.
평가 : 적성, 흥미, 하는 일의 난이도, 작업 환경 등이 내가 희망해 온 직업과 맞는지 평가해 보자.	평가 : 전공과목과 관련된 교과목 성적, 수능 점수, 요구 학력, 자격증 등을 냉정하게 평가해 보자.	평가 : 이 직업의 발전 가능성, 취업 전망, 소득 수준 등을 평가해 보자. 가족 가운데 관련 종사자 유무 등을 조사해 보자.

평가 결과 분석
• 하는 일, 되는 방법, 직업 전망 가운데 3개 모두 맞거나 일치하면 '목표 직업'으로 설정
• 하는 일, 되는 방법, 직업 전망 가운데 2개가 맞거나 일치하면 '관심 직업'으로 설정
• 하는 일, 되는 방법, 직업 전망 가운데 1개 이하가 맞거나 일치하면 '다시' 설정

| 3 |
사회로 진로 찾기
다른 과목보다
진로 선택의 폭이 넓다

　　　　하나의 세포가 분화하여 하나의 생명체가 된다. 사회는 개별 생명체(특히 인간)들의 합이다. 인간은 서로 언어로 의사소통을 하며, 문화를 만들고, 법과 규범을 만들고, 필요에 따라 수많은 조직체를 형성하여 사회를 유지하는 데 필요한 질서를 만들어 낸다.

　사회는 유기체(생물처럼 물질이 유기적으로 구성되어 생활 기능을 가지게 된 조직체)처럼 생로병사를 가지기도 하며, 유기체의 각 부분들이 일정한 기능을 수행하듯 사회를 구성하는 각 조직들이 자신의 기능을 수행한다. 예를 들어 인체가 크게 머리, 목, 몸, 팔, 다리, 손, 발 등으로 구성되어 생명 유지에 필요한 각 기능을 수행한다면, 사회는 정치, 법률, 경제, 교육, 문화, 종교 등의 다양한 제도로써 사회 유지에 필요한 각 기능을 수행한다. 예컨대 머리의 기능은 정치가 담당하며, 윤리와 같은 심장의 기능은 종교가 담당한다.

사회는 어떻게 구성되고 어떻게 서로에게 영향을 주면서 발전해 나가는 걸까? 이런 문제에 대한 답을 찾기 위해서 과학자들은 동물 사회를 연구한다. 즉 동물의 행동을 연구함으로써 인간 사회의 행동 메커니즘을 규명하려고 노력한다. 사회생물학이 대표적 학문 분야다.

사회를 잘하면 유리한 직업

우리가 살아가는 사회는 유기체와 같이 매우 복잡하고, 기능적 특성도 매우 다양하다. 사회는 개별 유기체, 즉 생명체가 구성하므로 일관된 특성을 발견하기가 어렵다. 사회 과목을 잘하면 유리한 직업 진로 또한 다양하고 복잡하여, 일일이 그 직업명을 열거하기가 어렵다. 지면 관계상 사회 과목과 관련성이 높은 직업만을 열거하겠다.

대부분의 관리직(국회의원이나 고위공무원부터, 각 기업 대표 및 중하위 관리자), 인사 및 노사 관련 전문가, 경영컨설턴트, 회계사, 세무사, 조사전문가, 기획 및 마케팅 전문가, 인사 및 교육 훈련 사무원, 총무사무원, 감사사무원, 행정사무원, 비서, 투자 및 신용분석가, 자산운용가, 증권 및 외환딜러, 손해사정인, 금융보험심사원, 금융보험사무원, 보험설계사, 사회과학연구원, 판사 및 검사, 변호사, 법무사, 법률 관련 사무원, 경찰관, 사회복지사, 상담전문가, 청소년지도자, 시민단체 활동가, 기자, 논설위원, 아나운서 및 리포터, 해외영업원, 도시계획가, 사진작가, 시장 및 여론조사전문가, 정치가, 생물학자, 공장관리자, 통계분석가 등이 있다.

사회 과목에서 배운 내용들은 대부분의 직업 세계에서 활용된다. 특히 지위와 직급이 올라갈수록 사회 과목의 중요성이 커진다. 예를 들어 관리자는 정치 및 경제 변화를 읽을 줄 알아야 투자나 경영 기획을 할 수 있다. 아울러 지역사회와 조직에 대한 이해가 있어야 다른 구성원들과 원활한 의사소통을 할 수 있으며, 법률과 문화를 알아야 사회질서를 잘 지켜 나갈 수 있다.

사회와 관련 있는 학과

사회 과목은 다른 과목에 비해 관련 있는 학과가 많다. 따라서 사회 과목을 좋아하는 학생의 진로 선택의 폭 또한 넓다. 사회 과목과 밀접한 관련성을 가진 전공은 주로 사회계열에 많으며, 전공도 매우 다양하다.

하지만 전공에 따라 사회를 바라보는 관점은 다소 차이가 있다. 정치학, 행정학, 외교학, 법학의 경우 국가라는 관점에서 사회를 바라본다. 반면 경영학, 광고·홍보학, 세무회계학, 무역·유통학 등은 기업의 관점에서 사회문제를 다루는 경향이 강하다. 그리고 사회복지학, 언론·방송학·매체 관련 전공들은 국민 및 개인의 관점에서 사회현상을 설명하고 이해하려는 경향이 강하다.

사회계열 학과들만 사회 과목과 관련된 것은 아니다. 사회는 시간에 따라 다양한 사회현상과 제도를 만들어 낸다. 과거를 대상으로 할 경우 문화·민속·미술사학 또는 역사·고고학적 접근이 가능할 것이다. 만약 동물

사회 속에서 인간사회 현상을 설명한다면, 생물학적 접근(동물사회학)도 가능하다.

사진학을 전공하여, 한 장의 사진으로 사회상과 시대상을 표현할 수도 있다. 다양한 사회현상에 대한 메시지를 담은 퓰리처상 수상 사진과 하나의 예술작품으로 인정받는 예술사진이 대표적이다.

각 계열별로 사회와 관련 있는 학과를 구체적으로 살펴보면 다음과 같다. 굵게 표시된 부분은 해당 계열의 교육과정 내에서 상대적으로 사회를 많이 활용하는 학과다.

- 인문계열 : 문화·민속·미술사학과, 역사·고고학과, 국제지역학과
- 사회계열 : 경영학과, 경제학과, 광고·홍보학과, 금융보험학과, 세무회계학과, 무역·유통학과, 법학과, **정치학과**, **외교학과**, **행정학과**, 사회복지학과, 국제학과, 도시·지역학과, **사회학과**, **언론·방송·매체 관련 학과**
- 교육계열 : 교육학과, **사회교육학과**, 특수교육학과
- 예체능계열 : 사진학과, 응용미술학과
- 공학계열 : 산업공학과
- 자연계열 : 생물학과, 가정관리학과, 통계학과, 지리학과

| 사회 과목 속 학과 찾기, 직업 찾기 |

앞의 글을 읽은 후 관심과 흥미가 유발된 학과(전공)에 대해 조사해 보자.

1순위 학과(전공)	2순위 학과(전공)	3순위 학과(전공)	작성법
			전공필수 과목. 실기 및 실습 유무. 대학 재학 중에 취득해야 할 자격증 등을 조사해 보자.
평가 :	평가 :	평가 :	교과 내용과 적성 일치도(적성검사 비교 등), 학업의 난이도, 주변 사람들의 적합도, 전공 관련 교과목 성적은 어떤지 평가해 보자.

앞의 글을 읽고 흥미가 유발된 직업에 대해 조사해 보자. 하는 일, 되는 방법, 직업 전망 등을 살펴본 뒤 자신의 직업 목표로 설정하는 것이 타당한지 평가해 보자.

하는 일	되는 방법	직업 전망
해당 직업인이 되었을 때 하는 일을 구체적으로 조사해 보자.	해당 직업인이 되기 위해 준비해야 할 것들을 해낼 자신이 있는지 스스로 평가해 보자.	인터넷 자료, 직업 관련 서적, 방송 및 신문기사, 주위 사람의 판단 등을 통해 직업 전망을 파악해 보자.
평가 : 적성, 흥미, 하는 일의 난이도, 작업 환경 등이 내가 희망해 온 직업과 맞는지 평가해 보자.	평가 : 전공과목과 관련된 교과목 성적, 수능 점수, 요구 학력, 자격증 등을 냉정하게 평가해 보자.	평가 : 이 직업의 발전 가능성, 취업 전망, 소득 수준 등을 평가해 보자. 가족 가운데 관련 종사자 유무 등을 조사해 보자.

평가 결과 분석
• 하는 일, 되는 방법, 직업 전망 가운데 3개 모두 맞거나 일치하면 '목표 직업'으로 설정
• 하는 일, 되는 방법, 직업 전망 가운데 2개가 맞거나 일치하면 '관심 직업'으로 설정
• 하는 일, 되는 방법, 직업 전망 가운데 1개 이하가 맞거나 일치하면 '다시' 설정

|4|

역사로 진로 찾기

전통 직업 속에 숨어 있는 유망 직업

《논어》〈위정편〉에 '온고이지신(溫故而知新) 가이위사의(可以爲師矣)'란 말이 있다. '옛것을 익히고 새것을 알면 스승이 될 수 있다'라는 말이다. 하루하루 새로운 신기술과 지식이 쏟아지는 현실에서 온고지신이란 말은 한낱 고사성어로 치부할 수도 있다. 하지만 유구한 역사 속에서 상당수 사건은 반복성을 가지므로 인류가 걸어온 길에 대한 고찰은 미래를 준비하는 하나의 방안이 될 수 있다.

그런데 진로 설정에 있어 과거의 것은 미래에 밀려 사람들의 관심을 못받는 경향이 강하다. 많은 사람이 유망 직업, 유망 학과, 유망 자격 등을 새로운 기술, 학문 분야, 지식 등에서 찾으려 한다. 하지만 유망 직업 및 유망학과가 미래 신기술에만 있는 것이 아니다. 전통 직업, 과거와 관련된 것속에도 전망이 좋은 것들이 꽤 있다.

전통 직업 가운데는 묵은 장맛처럼 오래가고, 느림의 미학 속에서 시간이 지날수록 빛을 발하는 직업이 많다. 예를 들어 문화재보존과학원, 문화재수리기술자, 전통장인(예: 전통 검을 만드는 도검장 등) 등이 있다.

전통 가옥 관련 직업도 눈여겨볼 만하다. 전통 가옥은 일반 주택보다 건축비가 훨씬 많이 드는데, 자재 가격이 비싼 이유도 있지만, 전통 가옥을 지을 수 있는 사람이 많지 않은 것이 주된 이유다. 건축과 관련한 전통 직업으로는 도편수, 대목장, 소목장, 와공, 석공, 단청원 등이 있는데, 현재 이런 직업들은 간신히 명맥을 유지하고 있다. 역사에 대한 관심 및 이해 부족이 낳은 결과다.

사실 전통과 관련한 직업들이 그리 전망이 낮은 것은 아니다. 그럼에도 불구하고 학생들이 전통과 관련한 학과나 직업으로 진로를 설계하는 경우는 많지 않다.

만약 한국사나 세계사 같은 역사 과목을 좋아한다면, 전통과 관련한 직업 속에서 진로를 모색해 보는 것은 어떨까?

빠르게 변화하는 세계 속에서 조상의 발자취를 살펴보고, 그 지혜를 빌려온다면 정치, 경제, 문화, 과학, 예술 등의 다양한 분야에서 새로운 아이디어와 교훈을 얻을 수 있을 것이다. 시간의 화살을 되돌려 숨겨진 역사를 밝히고, 밝혀진 역사를 기록·보존하고, 역사적 교훈을 찾아서 미래를 향한 새로운 길을 찾아보자. 온고지신의 참뜻을 되새겨 보자.

역사를 잘하면 유리한 직업

역사(한국사/세계사) 과목과 직접적으로 관련된 직업은 고고학자, 역사학자, 중등학교교사, 인문과학연구원, 인문계열 교수, 문화재보존과학원, 문화재관리사, 문화재발굴사, 박물관 큐레이터, 미술관 큐레이터, 문화재수리기술자·기능사, 전통가옥건축가, 여행안내원 등이 있다.

그리고 직접적으로 역사와 관련된 직업이 아닐지라도, 역사 및 세계사 지식은 사진, 회화, 디자인, 작곡, 국악 등의 예술 활동을 하는 직업이나 소설, 시나리오, 드라마 제작, 영화제작 등 방송 및 창작 활동을 하는 직업에 많이 활용된다. 또한 세계사에 대한 이해는 글로벌 비즈니스에도 도움이 된다.

역사와 관련 있는 학과

역사 과목과 관련된 학과로는 역사학과, 고고학과, 사회교육과 등이 있다. 이들 학과에서는 역사 과목을 한국현대사, 한국고대사, 조선전기사, 동양사, 서양사, 한국사실습, 종교사, 문화사, 민속사, 미술사(동양미술사, 서양미술사), 고고학사, 고고학방법론, 문화재법, 박물관학, 고대역사지리학, 고대종교사, 한국외교사, 문화인류학개론, 보존과학, 각 연대별 한국사, 복식문화사, 세계사, 각 지역별 세계사·문화사, 문화연구입문, 문화연구방법, 문화유적실습, 형질인류학, 수중고고학, 문화유적조사방법론, 미주연구론, 유럽연구론, 중국연구론, 일본연구론 등의 과목으로 심화해 학습한다.

각 계열별로 역사와 관련 있는 학과를 구체적으로 살펴보면 다음과 같다. 굵게 표시된 부분은 해당 계열의 교육과정 내에서 상대적으로 역사를 많이 활용하는 학과다.

- 인문계열 : **역사 · 고고학과(고고학, 사학, 역사학, 한국사학)**, 종교학과(기독교학, 선교학, 신학, 불교학), 국제지역학과, 언어학과, 문예창작과, **문화 · 민속 · 미술사학과(문화인류학, 문화학, 문화재보존학, 민속학, 인류학, 고고미술사학)**, 중국어 · 문학과, 영미어 · 문학과 외 언어 · 문학 계열 학과
- 사회계열 : 관광학과, 항공서비스학과, 무역 · 유통학과, 국제학과, 비서학과
- 교육계열 : **사회교육과(국사, 역사)**, 예체능교육과
- 예체능계열 : 사진학과, 회화과, 동양화과, 서양화과, 국악학과
- 자연계열 : 의류 · 의상학과
- 의약계열 : 한의학과

| 역사 과목 속 학과 찾기, 직업 찾기 |

앞의 글을 읽은 후 관심과 흥미가 유발된 학과(전공)에 대해 조사해 보자.

1순위 학과(전공)	2순위 학과(전공)	3순위 학과(전공)	작성법
			전공필수 과목, 실기 및 실습 유무, 대학 재학 중에 취득해야 할 자격증 등을 조사해 보자.
평가 :	평가 :	평가 :	교과 내용과 적성 일치도(적성검사 비교 등), 학업의 난이도, 주변 사람들의 적합도, 전공 관련 교과목 성적은 어떤지 평가해 보자.

앞의 글을 읽고 흥미가 유발된 직업에 대해 조사해 보자. 하는 일, 되는 방법, 직업 전망 등을 살펴본 뒤 자신의 직업 목표로 설정하는 것이 타당한지 평가해 보자.

하는 일	되는 방법	직업 전망
해당 직업인이 되었을 때 하는 일을 구체적으로 조사해 보자.	해당 직업인이 되기 위해 준비해야 할 것들을 해낼 자신이 있는지 스스로 평가해 보자.	인터넷 자료, 직업 관련 서적, 방송 및 신문기사, 주위 사람의 판단 등을 통해 직업 전망을 파악해 보자.
평가 : 적성, 흥미, 하는 일의 난이도, 작업 환경 등이 내가 희망해 온 직업과 맞는지 평가해 보자.	평가 : 전공과목과 관련된 교과목 성적, 수능 점수, 요구 학력, 자격증 등을 냉정하게 평가해 보자.	평가 : 이 직업의 발전 가능성, 취업 전망, 소득 수준 등을 평가해 보자. 가족 가운데 관련 종사자 유무 등을 조사해 보자.

평가 결과 분석
• 하는 일, 되는 방법, 직업 전망 가운데 3개 모두 맞거나 일치하면 '목표 직업'으로 설정
• 하는 일, 되는 방법, 직업 전망 가운데 2개가 맞거나 일치하면 '관심 직업'으로 설정
• 하는 일, 되는 방법, 직업 전망 가운데 1개 이하가 맞거나 일치하면 '다시' 설정

| 5 |
지리로 진로 찾기
이과 중심의 자연지리로
무게중심 이동

인류의 역사는 지도 밖 행군의 역사다. 열매가 가득하고 안전한 숲에서 살던 유인원이 미지의 들판으로 나오면서 직립보행이 시작되고, 실크로드를 따라 서양과 동양의 문물이 교류되고, 콜럼버스의 항해를 통해 신대륙이 발견되었다. 당시 사람들은 지구가 평평하므로 먼 바다로 항해하면 바다 폭포 아래로 떨어져 죽는다고 생각했다. 하지만 콜럼버스는 1474년 지리학자 토스카넬리와 서신을 교환하면서 지구가 둥그렇게 생겼다는 걸 알곤 탐험을 결심했다. 콜럼버스가 용기를 낼 수 있었던 데는 이처럼 지리에 대한 지식이 큰 몫을 했다.

지도는 탐험정신의 산물이며, 넓은 세상을 좁게 만들어 주며, 여기와 저기, 이 사람과 저 사람을 연결시켜 주는 도구다. 지구본이 넓은 지구를 책상 위에 올려놓고 한눈에 우리가 사는 세상을 볼 수 있도록 만들어 준다면,

지리에 대한 우리의 경험과 지식은 지구촌 곳곳에 거주하는 다른 사람들과 자연에 대한 이해를 넓혀 준다. 그리고 지도가 먼 곳에 도달할 수 있도록 도와주는 것처럼, 지리에 대한 이해는 사람과 사람 사이에 존재하는 마음속 국경을 없애도록 도와준다. 상대방이 사는 곳의 날씨와 지형 등을 이해하면, 그 사람을 이해하기가 쉬워지기 때문이다. 이것이 우리가 지리를 배우는 이유이며, 지도를 제작하는 궁극의 목적일 것이다.

인류는 지도 제작을 통해 넓은 세계를 작게 표현할 수 있게 되었다. 지구본은 지구를 가장 작게 표현한 지형적 공간이다. 이 공간이 반도체와 정보 통신 기술의 발달로 작은 메모리칩으로 변하였지만, 그 정보는 더욱 강력해졌다. 과거 군사적 목적으로 수집한 지리 정보가, 평범한 운전자의 길을 안내하는 내비게이션으로 발전했으며, 지형 정보를 활용해 고고학적 유적지를 탐색(항공고고학)하기도 한다.

오늘날 지리 정보는 단순 길 찾기에서 한층 진화되어 관광, 교통, 광고 및 홍보 등의 상업적 목적으로 사용되고 있으며, 정보 기술과 융합하고 있다. 그 대표적 분야 가운데 하나가 증강현실(눈으로 보는 현실세계에 가상 물체를 겹쳐 보여 주는 기술)이다.

만약 지리 과목을 좋아한다면, 이제 더 이상 지도 밖으로 행군할 필요는 없다. 스마트폰 안으로 행군할 준비를 해야 한다. 과거 탐험가가 지도 밖으로 행군하여 새로운 지도를 만들었다면, 오늘날 지도는 지구 밖으로 행군하여 인공위성을 활용하고 있으며, 종이 밖으로 행군하여 디지털 지도를 만들고 있다.

지리를 잘하면 유리한 직업

지리 과목과 직접적으로 관련한 직업으로는 지적기사, 지리정보시스템 (GIS)전문가, 지리학연구원, 지리과목 중등학교교사 등이 있다. 이외에도 도화기능사(항공사진에 찍힌 지형을 도면으로 그려 내는 직업), 항공사진기능사, 지리정보DB 관리자, 측량 및 지형공간전문가, 도시계획가, 환경보존계획가 등이 있다.

지리 관련 직업의 경우 예전에는 군사, 문화 등의 인문학적 지식이 중요했다. 하지만 최근에는 지리가 정보통신산업과 결합됨에 따라 컴퓨터의 활용 능력과 수리 통계 능력이 중요해지고 있다. 따라서 문과 중심의 인문지리에서 이과 중심의 자연지리로 무게중심이 이동하고 있다. 이러한 추세에 따라 지리 관련 학과 졸업자의 진로도 바뀌고 있다. 예전에는 국토연구원, 지적공사, 토지공사, 주택공사, 지적 공무원, 중등학교교사 등 공공 부문으로 진출하는 경우가 많았다. 하지만 최근에는 IT기업, 지리정보시스템 회사, 항공지도제작업체 등 민간 부문으로 진출하는 경우가 많아지고 있다.

지리와 관련 있는 학과

지리 과목은 대학에서 어떤 과목으로 심화될까? 사실 지리학은 사회과학과 자연과학의 특징을 모두 포함하고 있다. 사회과학에 기반을 둔 지리학을 '인문지리학'이라 하고, 자연과학에 기반을 둔 지리학을 '자연지리학'이라 한다.

인문지리학의 경우 경제, 문화 등 사람들이 만들어 낸 지리적 현상과 관련한 주제를 다루며, 인구지리학, 정치지리학, 경제지리학, 사회지리학, 문화지리학, 지리학사 등으로 세분된다. 자연지리학은 기후, 지형 등 자연이 만들어 낸 지리적 현상을 다루며, 지형학, 기후학, 토양지리학, 생물지리학, 생태지리학, 해양지리학 등으로 세분된다.

이외에 지적·지리정보학과 도시·지역개발학이 있다. 지적학 이론 및 지적사, 지적법, 계량지리, 지도학, 지리정보시스템 등을 공부하는 지적·지리정보학이 최근 지리학의 핵심으로 부각되고 있다. 도시·지역개발학의 경우 국토론, 지역경제, 토지이용, 도시개발, 도시계획, 지역사회, 환경계획 및 평가, 원격탐사, 지역분석법, 지역분석실무, 관광자원과 개발 등으로 나뉜다.

각 계열별로 지리와 관련 있는 학과를 구체적으로 살펴보면 다음과 같다. 굵게 표시된 부분은 해당 계열의 교육과정 내에서 상대적으로 지리를 많이 활용하는 학과다.

- 인문계열 : 국제지역학과
- 사회계열 : 도시·지역학과, 지역개발학과
- 교육계열 : **사회교육학과(지리)**
- 공학계열 : 도시공학과
- 자연계열 : **지리학과, 지리정보과, 지형정보과, 지형공간정보과**, 지질학과, 지구과학과

| 지리 과목 속 학과 찾기, 직업 찾기 |

앞의 글을 읽은 후 관심과 흥미가 유발된 학과(전공)에 대해 조사해 보자.

1순위 학과(전공)	2순위 학과(전공)	3순위 학과(전공)	작성법
			전공필수 과목, 실기 및 실습 유무, 대학 재학 중에 취득해야 할 자격증 등을 조사해 보자.
평가 :	평가 :	평가 :	교과 내용과 적성 일치도(적성검사 비교 등), 학업의 난이도, 주변 사람들의 적합도, 전공 관련 교과목 성적은 어떤지 평가해 보자.

앞의 글을 읽고 흥미가 유발된 직업에 대해 조사해 보자. 하는 일, 되는 방법, 직업 전망 등을 살펴본 뒤 자신의 직업 목표로 설정하는 것이 타당한지 평가해 보자.

하는 일	되는 방법	직업 전망
해당 직업인이 되었을 때 하는 일을 구체적으로 조사해 보자.	해당 직업인이 되기 위해 준비해야 할 것들을 해낼 자신이 있는지 스스로 평가해 보자.	인터넷 자료, 직업 관련 서적, 방송 및 신문기사, 주위 사람의 판단 등을 통해 직업 전망을 파악해 보자.
평가 : 적성, 흥미, 하는 일의 난이도, 작업 환경 등이 내가 희망해 온 직업과 맞는지 평가해 보자.	평가 : 전공과목과 관련된 교과목 성적, 수능 점수, 요구 학력, 자격증 등을 냉정하게 평가해 보자.	평가 : 이 직업의 발전 가능성, 취업 전망, 소득 수준 등을 평가해 보자. 가족 가운데 관련 종사자 유무 등을 조사해 보자.

평가 결과 분석
• 하는 일, 되는 방법, 직업 전망 가운데 3개 모두 맞거나 일치하면 '목표 직업'으로 설정
• 하는 일, 되는 방법, 직업 전망 가운데 2개가 맞거나 일치하면 '관심 직업'으로 설정
• 하는 일, 되는 방법, 직업 전망 가운데 1개 이하가 맞거나 일치하면 '다시' 설정

|6|
윤리로 진로 찾기
철학은 모든 학문의
근원이다

국가라는 커다란 배를 침몰하게 만드는 사회의 일곱 가지 악이 있다. 이 일곱 가지 악은 사회를 병들게 하고, 사회가 쇠퇴하거나 망해 갈 때 흔히 나타나는 증상으로 다음과 같다.

- 원칙이 없는 정치(Politics without Principle)

- 노동이 없는 부(Wealth without Work)

- 양심이 없는 쾌락(Pleasure without Conscience)

- 특징이 없는 지식(Knowledge without Character)

- 도덕성이 없는 상업(Commerce without Morality)

- 인간미가 없는 과학(Science without Humanity)

- 희생이 없는 종교(Worship without Sacrifice)

위 내용은 1869부터 1948년까지 세상을 살다 간 마하트마 간디 추모공원 비문에 적힌 글이다. 간디는 비폭력, 불복종을 실천한 인도 독립운동의 지도자이자 인도 건국의 아버지다.

간디는 진정한 힘이란 물리적 수단 속에 있는 것이 아니라, 꺾을 수 없는 의지 속에 있다고 말했다. 이런 자신의 철학에 기초하여 인도 독립운동을 펼쳤으며, 몸으로 자신의 철학을 실천하였다. 영국의 섬유산업으로부터 자국의 농업을 보호하기 위해 직접 물레를 돌려 옷을 만들어 입었고, 법정에서 자신의 목숨을 구걸하지 않았다.

우리에게도 간디와 같은 인물이 있다. 바로 백범 김구, 도산 안창호, 안중근 의사와 같은 독립투사들이다. 이분들도 시대정신과 국경을 넘어선 인류애를 가졌다.

안중근 의사는 감옥에서 《동양평화론》을 집필하였으며, 간디와 마찬가지로 법정에서 자신의 목숨을 구걸하지 않았다. 이를 윤리라는 관점에서 보면, 이토 히로부미를 저격한 행위는 폭력적이라고 말할 수 있다. 하지만 이는 사상과 철학의 부재에서 비롯된 단편적인 생각이다. 안중근 의사의 저격 행위는 동양의 평화를 위해 거대한 폭력에 맞선 진정한 용기이며, 간디와 같은 시대정신이며 인류애라고 해석하는 것이 옳다. 단지 그것을 실현하는 방법에 차이가 있었을 뿐이다.

윤리 과목은 이처럼 복잡하고 논쟁적인 철학 문제를 다룬다. 고등학교 윤리 과목은 '생활과 윤리', '윤리와 사상'으로 나누어진다. 다른 과목에 비해 쉬운 듯 보이지만 사실은 매우 어려운 과목이다. 암기 과목으로 접근하면 가장 점수를 따기 어려운 과목이기도 하다. 마치 '1+1=2'를 안다고 말하지만 증명하라고 하면 말문이 막히는 것과 같다. 다시 말해 윤리는 아는 것이 아니라 안다고 착각하기 쉬운 학문이다.

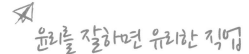 윤리를 잘하면 유리한 직업

윤리 과목과 직접적으로 관련된 직업은 많지 않다. 대체로 중등학교교사 가운데 도덕이나 윤리 과목을 가르치는 선생님과 실천예절강사, 종교인 등의 직업을 들 수 있다. 그리고 작가로 활동하는 사람도 많다.

윤리 과목은 학문적으로 보면 철학과 연관성이 높다. 철학(도덕)은 모든 학문의 근원이므로 철학에서 파생되거나 응용된 분야가 많다. 과학철학, 교육철학, 경제철학, 사회철학, 경영철학, 언어철학 등이 그 예다.

순수철학의 경우 고전철학을 의미하므로 철학과 출신이 다수를 이루나, 과학철학은 이공계 출신, 교육철학은 교육학 전공자, 경제철학은 경제학과 출신이 주를 이룬다. 이 가운데 자연과학적 지식을 통해 인문학적 의미를 이끌어 내는 과학철학이 최근 강조되고 있다.

만물의 근원을 물이라 말했던 고대 그리스의 철학자 탈레스는 고대 과학으로부터 자연세계를 이해하고자 하였다. 탈레스는 과학의 아버지이자 대표적 자연철학자다. 자연을 대상으로 삼는 과학철학을 자연철학이라 한다. 오늘날에는 상대성이론, 양자론과 같은 첨단 과학적 성과에 인문학적 지식을 더하고 있다.

사회철학에서는 사람과 사회와 관련한 철학적 접근이 이뤄지는데, 공자,

144

맹자, 플라톤, 아리스토텔레스, 루소, 헤겔, 마르크스 등이 대표적 사회철학 자다. 언어철학은 말을 통한 논리적 실증을 배운다. 대표적 언어철학자로 는 비트겐슈타인, 소쉬르가 있다.

윤리와 관련 있는 학과

윤리 과목과 관련된 학과는 철학과와 종교 관련 학과다. 철학은 크게 동양 철학, 서양철학으로 나누어지며, 종교는 한국종교, 동양종교, 서양종교 등 으로 구분된다. 철학은 세부적으로 철학방법, 인식론, 형이상학, 철학사, 언 어철학, 심리철학, 과학철학, 역사철학, 비교철학 등으로 심화된다. 그리고 종교는 비교종교학, 종교현상학, 종교심리학, 종교인류학, 종교사회학, 종 교윤리학 등으로 발전될 수 있다.

윤리가 심화된 철학, 윤리, 예술, 종교는 결코 쉬운 학문이 아니다. 인간 의 본질을 다루므로 매우 어려운 학문이다. 만약 사람들이 이런 문제가 쉽 다고 말한다면, 그 사회는 매우 위험한 사회로 가고 있다고 볼 수 있다. 철 학이 사라지면 원칙 없는 정치가 판을 치고, 노동 없는 부가 커지고, 양심 없는 쾌락이 만연하며, 몰개성적인 교육이 이뤄지고, 영리추구를 위한 무 차별적 상거래가 활개 치고, 인간성이 마비된 과학과 기술이 번창하며, 사 람들은 희생 없는 사이비 종교에 빠져들 것이다. 윤리는 이러한 근본적 위 험으로부터 세상을 지켜 내는 최후의 저지선이다.

각 계열별로 윤리와 관련 있는 학과를 구체적으로 살펴보면 다음과 같다. 굵게 표시된 부분은 해당 계열의 교육과정 내에서 상대적으로 를 많이 활용하는 학과다.

- 인문계열 : **종교학(종교문화학, 종교철학과), 철학과(철학윤리문화학부, 유학과 동양학과, 동양철학과, 윤리학),** 문화인류학, 미술사학
- 교육계열 : 사회교육(도덕), 교육학(교육철학 분야)
- 예체능계열 : 영상예술학(영화/영상학)
- 이과계열 : 물리학(과학철학 분야)

| 윤리 과목 속 학과 찾기, 직업 찾기 |

앞의 글을 읽은 후 관심과 흥미가 유발된 학과(전공)에 대해 조사해 보자.

1순위 학과(전공)	2순위 학과(전공)	3순위 학과(전공)	작성법
			전공필수 과목, 실기 및 실습 유무, 대학 재학 중에 취득해야 할 자격증 등을 조사해 보자.
평가 :	평가 :	평가 :	교과 내용과 적성 일치도(적성검사 비교 등), 학업의 난이도, 주변 사람들의 적합도, 전공 관련 교과목 성적은 어떤지 평가해 보자.

앞의 글을 읽고 흥미가 유발된 직업에 대해 조사해 보자. 하는 일, 되는 방법, 직업 전망 등을 살펴본 뒤 자신의 직업 목표로 설정하는 것이 타당한지 평가해 보자.

하는 일	되는 방법	직업 전망
해당 직업인이 되었을 때 하는 일을 구제적으로 조사해 보자.	해당 직업인이 되기 위해 준비해야 할 것들을 해낼 자신이 있는지 스스로 평가해 보자.	인터넷 자료, 직업 관련 서적, 방송 및 신문기사, 주위 사람의 판단 등을 통해 직업 전망을 파악해 보자.
평가 : 적성, 흥미, 하는 일의 난이도, 작업 환경 등이 내가 희망해 온 직업과 맞는지 평가해 보자.	평가 : 전공과목과 관련된 교과목 성적, 수능 점수, 요구 학력, 자격증 등을 냉정하게 평가해 보자.	평가 : 이 직업의 발전 가능성, 취업 전망, 소득 수준 등을 평가해 보자. 가족 가운데 관련 종사자 유무 등을 조사해 보자.

평가 결과 분석
- 하는 일, 되는 방법, 직업 전망 가운데 3개 모두 맞거나 일치하면 '목표 직업'으로 설정
- 하는 일, 되는 방법, 직업 전망 가운데 2개가 맞거나 일치하면 '관심 직업'으로 설정
- 하는 일, 되는 방법, 직업 전망 가운데 1개 이하가 맞거나 일치하면 '다시' 설정

| 문과계열 학과별 진출 직업 현황–4년제 |

언어학

- 10%
- 10%
- 6%
- 6%
- 6%
- 62%

■ 총무사무원   ■ 임상심리사 및 기타 치료사
■ 문리 및 어학강사   ■ 기술영업원
■ 기획 및 마케팅사무원   기타

국어국문학

- 16%
- 13%
- 4%
- 4%
- 4%
- 59%

■ 문리 및 어학강사   ■ 총무사무원
■ 중·고등학교 교사   ■ 기획 및 마케팅사무원
■ 상점판매원   기타

일어일문학

- 8%
- 6%
- 5%
- 5%
- 4%
- 72%

■ 문리 및 어학강사   ■ 기획 및 마케팅사무원
■ 제품 및 광고영업원   ■ 중·고등학교 교사
■ 상점판매원   기타

중어중문학

- 9%
- 4%
- 4%
- 4%
- 4%
- 75%

■ 문리 및 어학강사   ■ 기획 및 마케팅사무원
■ 제품 및 광고영업원   ■ 중·고등학교 교사
■ 상점판매원   기타

영어영문학

- 24%
- 9%
- 4%
- 3%
- 4%
- 56%

■ 문리 및 어학강사   ■ 총무사무원
■ 중·고등학교 교사   ■ 제품 및 광고영업원
■ 기획 및 마케팅사무원   기타

독어독문학

- 12%
- 7%
- 6%
- 5%
- 4%
- 66%

■ 문리 및 어학강사   ■ 제품 및 광고영업원
■ 총무사무원   ■ 기획 및 마케팅사무원
■ 국가·지방 및 공공행정사무원   기타

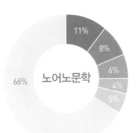

노어노문학

66% / 11% / 8% / 6% / 4% / 5%

- ■ 기획 및 마케팅사무원
- ■ 해외영업원
- ■ 문리 및 어학강사
- ■ 총무사무원
- ■ 상점판매원
- ■ 기타

서어서문학

61% / 11% / 11% / 8% / 5% / 4%

- ■ 해외영업원
- ■ 문리 및 어학강사
- ■ 기획 및 마케팅사무원
- ■ 제품 및 광고영업원
- ■ 총무사무원
- ■ 기타

불어불문학

69% / 11% / 6% / 5% / 5% / 4%

- ■ 문리 및 어학강사
- ■ 국가·지방 및 공공행정사무원
- ■ 기획 및 마케팅사무원
- ■ 총무사무원
- ■ 상점판매원
- ■ 기타

교양어문학

73% / 7% / 6% / 5% / 5% / 4%

- ■ 문리 및 어학강사
- ■ 총무사무원
- ■ 기획 및 마케팅사무원
- ■ 상점판매원
- ■ 제품 및 광고영업원
- ■ 기타

문헌정보학

48% / 28% / 9% / 5% / 5% / 5%

- ■ 사서 및 기록물관리사
- ■ 문리 및 어학강사
- ■ 전산자료입력원 및 사무보조원
- ■ 총무사무원
- ■ 기획 및 마케팅사무원
- ■ 기타

심리학

68% / 9% / 6% / 6% / 6% / 5%

- ■ 총무사무원
- ■ 기획 및 마케팅사무원
- ■ 국가·지방 및 공공행정사무원
- ■ 임상심리사 및 기타 치료사
- ■ 상담전문가 및 청소년지도사
- ■ 기타

역사학

13%
9%
5%
4%
4%
65%

■ 중·고등학교 교사 　■ 제품 및 광고영업원
■ 문리 및 어학강사 　■ 상점판매원
■ 기획 및 마케팅사무원 　■ 기타

종교학

28%
51%
1%
3%
4%
13%

■ 성직자 　■ 총무사무원
■ 기타 종교 관련 종사자 　■ 제품 및 광고영업원
■ 상점판매원 　■ 기타

철학

10%
5%
4%
4%
4%
73%

■ 문리 및 어학강사 　■ 상점판매원
■ 기획 및 마케팅사무원 　■ 중·고등학교 교사
■ 제품 및 광고영업원 　■ 기타

경영학

7%
7%
6%
6%
5%
69%

■ 기획 및 마케팅사무원 　■ 총무사무원
■ 제품 및 광고영업원 　■ 상점판매원
■ 회계 사무원 　■ 기타

경제학

8%
7%
6%
5%
5%
69%

■ 기획 및 마케팅사무원 　■ 총무사무원
■ 제품 및 광고영업원 　■ 상점판매원
■ 금융 관련 사무원 　■ 기타

법학

8%
7%
7%
5%
5%
68%

■ 법률 관련 사무원 　■ 총무사무원
■ 경찰관 　■ 기획 및 마케팅사무원
■ 국가·지방 및 공공행정사무원 　■ 기타

사회복지학

34%
46%
7%
5%
4%
4%

- ■ 사회복지사
- ■ 보육교사
- ■ 총무사무원
- ■ 국가·지방 및 공공행정사무원
- ■ 경리사무원
- ■ 기타

사회학

12%
9%
6%
6%
4%
63%

- ■ 중·고등학교 교사
- ■ 문리 및 어학강사
- ■ 기획 및 마케팅사무원
- ■ 총무사무원
- ■ 국가·지방 및 공공행정사무원
- ■ 기타

언론정보학

11%
8%
6%
5%
5%
65%

- ■ 기획 및 마케팅사무원
- ■ 기자 및 논설위원
- ■ 제품 및 광고영업원
- ■ 감독 및 기술감독
- ■ 총무사무원
- ■ 기타

정치학

7%
6%
6%
4%
4%
73%

- ■ 기획 및 마케팅사무원
- ■ 총무사무원
- ■ 제품 및 광고영업원
- ■ 국가·지방 및 공공행정사무원
- ■ 문리 및 어학강사
- ■ 기타

행정학

13%
9%
7%
6%
3%
62%

- ■ 국가·지방 및 공공행정사무원
- ■ 총무사무원
- ■ 경찰관
- ■ 기획 및 마케팅사무원
- ■ 상점판매원
- ■ 기타

관광학

6%
5%
4%
4%
4%
77%

- ■ 기획 및 마케팅사무원
- ■ 여행사무원
- ■ 제품 및 광고영업원
- ■ 경리사무원
- ■ 여행상품개발자
- ■ 기타

교육학

- 초등학교 교사 33%
- 중·고등학교 교사 33%
- 중·고등학교 교사 14%
- 문리 및 어학강사 9%
- 보육교사 7%
- 유치원 교사 5%

■ 초등학교 교사　　　■ 중·고등학교 교사
■ 보육교사　　　　　　■ 문리 및 어학강사
■ 유치원 교사　　　　　기타

초등교육학

- 초등학교 교사 90%
- 문리 및 어학강사 3%
- 교육관리자 2%
- 곡식작물재배원 2%
- 2%
- 1%

■ 초등학교 교사　　　■ 문리 및 어학강사
■ 교육관리자　　　　　곡식작물재배원
■ 중·고등학교 교사　　　기타

특수교육학

- 특수교육 교사 73%
- 기타 14%
- 초등학교 교사 8%
- 2%
- 2%
- 1%

■ 특수교육 교사　　　■ 기타 종교 관련 종사자
■ 초등학교 교사　　　　총무사무원
■ 문리 및 어학강사　　　기타

• 참고 : 한국고용정보원「산업별 직업별 고용구조조사」의 최종 3개년 자료(관측치 : 307,104명)

일어일문학 68%, 11%, 10%, 4%, 4%, 3%

- ■ 상점판매원
- ■ 경리사무원
- ■ 웨이터
- ■ 간호조무사
- ■ 안내·접수사무원 및 전화교환원
- 기타

중어중문학 61%, 13%, 13%, 5%, 5%, 3%

- ■ 상점판매원
- ■ 경리사무원
- ■ 자재관리사무원
- ■ 전산자료입력원 및 사무보조원
- ■ 총무사무원
- 기타

영어영문학 70%, 11%, 6%, 7%, 3%, 3%

- ■ 문리 및 어학강사
- ■ 상점판매원
- ■ 경리사무원
- ■ 자재관리사무원
- ■ 총무사무원
- 기타

교양어문학 67%, 9%, 8%, 6%, 6%, 4%

- ■ 상점판매원
- ■ 자재관리사무원
- ■ 문리 및 어학강사
- ■ 생산 및 품질관리사무원
- ■ 경리사무원
- 기타

문헌정보학 48%, 14%, 13%, 9%, 8%, 8%

- ■ 경리사무원
- ■ 사서 및 기록물관리사
- ■ 전산자료입력원 및 사무보조원
- ■ 상점판매원
- ■ 총무사무원
- 기타

법학 70%, 7%, 7%, 6%, 6%, 4%

- ■ 총무사무원
- ■ 경찰관
- ■ 매장계산원 및 요금정산원
- ■ 법률 관련 사무원
- ■ 기획 및 마케팅사무원
- 기타

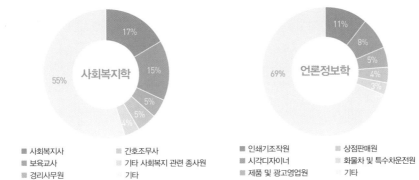

사회복지학
- 17%
- 15%
- 5%
- 5%
- 4%
- 55%

■ 사회복지사　　　■ 간호조무사
■ 보육교사　　　　기타 사회복지 관련 종사원
■ 경리사무원　　　기타

언론정보학
- 11%
- 8%
- 5%
- 4%
- 3%
- 69%

■ 인쇄기조작원　　　■ 상점판매원
■ 시각디자이너　　　화물차 및 특수차운전원
■ 제품 및 광고영업원　기타

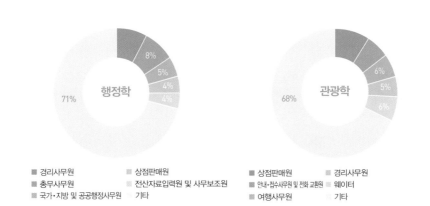

행정학
- 8%
- 5%
- 4%
- 4%
- 71%

■ 경리사무원　　　　■ 상점판매원
■ 총무사무원　　　　전산자료입력원 및 사무보조원
■ 국가·지방 및 공공행정사무원　기타

관광학
- 6%
- 5%
- 6%
- 68%

■ 상점판매원　　　　■ 경리사무원
■ 안내·접수사무원 및 전화 교환원　웨이터
■ 여행사무원　　　　기타

• 참고 : 한국고용정보원 「산업별 직업별 고용구조조사」의 최종 3개년 자료(관측치 : 307,104명)

4장

예체능계열 과목으로
진로 찾기

|1|
체육으로 진로 찾기
비즈니스 분야로
다양하게 영역 확대

기억은 시간에 따라 장기기억과 단기기억으로 나뉜다. 단기기억은 20초 동안 유지되는 기억으로 20초 이후에는 잊어버리지만, 장기기억은 짧게는 몇 분 길게는 수십 년 동안 지속된다. 단기기억을 장기기억으로 전환하는 방법은 두 가지가 있다. 첫째는 강한 충격이고, 둘째는 반복이다. 암기 중심의 주입식 교육에서 장기기억은 시험 성적에 중요한 영향을 미친다.

이외에도 의미기억, 일화기억, 절차기억이 있다. 의미기억은 책 등을 통해 의미를 저장하여 기억하는 것으로 '지식'이라고 할 수 있다. 예를 들어 남한에서 가장 높은 산은 한라산이라는 사실을 기억하고 있다면 이는 의미기억인 것이다. 일화기억은 겪은 장면, 시간, 장소, 감정 등에 관한 기억으로 '추억'이 대표적이다. 절차기억은 운동이나 악기연주와 같은 것으로 흔히 '근육기억'이 여기에 포함된다.

　머리로 하는 의미기억이나 일화기억은 장기기억으로 전환되기 어렵고, 설령 장기기억으로 저장되었다고 할지라도 세월이 흘러가면 잊어버리고 다시 기억해 내기도 어렵다. 반면 몸을 사용한 절차기억은 시간에 매우 강하다. 오랜 기간 동안 수영을 하지 않은 사람도 수영법을 기억하고 있으며, 한 번 자전거 타는 법을 익히면 십 년이 지나도 자전거를 탈 수 있다. 2013년 〈개그콘서트〉의 '누려'라는 코너에서 개그맨 박지선이 유행시킨 말처럼 '몸이 고생을 기억'하는 것이다. 그러므로 절차기억은 가장 오래가는 기억이다.

　부산에선 흔한 사투리지만 영화 〈범죄와의 전쟁〉에 등장한 대사로 한동안 유행어가 되었던 '살아 있네, 살아 있어'라는 말로도 절차기억을 설명할 수 있다. 십 년 만에 만난 친구가 한동안 당구를 치지 않았더라도, 옛 기억을 떠올리며 당구를 칠 때 부산 사람들은 '아직 살아 있네, 살아 있어'라는 말을 많이 사용한다.

　학창 시절 배운 영어 단어나 과학 공식, 수학 공식은 잘 기억나지 않아도 당시 좋아했던 운동 실력은 그대로인 경우가 많다. 특히 당구, 골프, 자전거 타기, 수영 등과 같은 절차기억은 별다른 반복적 연습이 없음에도 불구하고 끈질기게 근육 속에 남아 있다. 체육은 바로 이런 절차기억과 관련 있는 과목이다.

체육을 잘하면 유리한 직업

체육 과목과 직접 관련된 직업으로는 운동선수, 심판, 감독 및 코치 외에도 경호원, 체육교사, 무용가, 생활스포츠지도자 등이 있다. 이외에 스포츠에 이전트, 스포츠매니저, 직업군인, 응급구조사, 유치원교사, 물리치료사, 작업치료사 등도 체육 과목과 관련 있다.

체육은 과거에는 신체를 단련하고 건강을 유지하기 위한 도구였지만, 오늘날에는 레저 산업과 연계되어 여가시간을 활용하기 위한 오락 분야로 발전하고 있다. 그리고 오락은 직접 즐기는 참여 스포츠로 다양하게 발전하고 있으며, 정보통신 기술과 접목되어 간접적으로 즐기는 가상 스포츠도 함께 발전하고 있다.

그리고 스포츠를 통한 외교, 스포츠를 통한 문화 소개, 스포츠를 통한 제품 홍보 및 광고 등 비즈니스 분야로도 그 영역이 확대되고 있다. 스포츠가 비즈니스에 적극 활용되는 이유는 비즈니스 파트너와 함께한 독서 토론은 시간이 지나면 잊히지만, 함께한 스포츠 게임은 쉽게 잊히지 않기 때문이다.

체육과 관련 있는 학과

체육 과목과 관련이 많은 학과로는 체육학과, 사회체육학과, 레저스포츠학과, 보건 관련 학과, 예체능 교육과 등이 있다. 이들 학과에 진학하면 기초과목으로 체육원리, 사회체육론, 스포츠 사회학, 건강관리, 체육해부학, 운동해부학, 운동생리학, 스포츠 심리학, 스포츠 영양학, 체육사, 운동역학, 미생물학, 분석화학, 인체해부병리학 등을 배운다. 그리고 심화과목으로 코칭의 운동역학 및 실습, 스포츠 경영 및 행정, 스포츠 철학, 스포츠 사회학, 운동처방, 특수체육, 스포츠 교육학, 응급구조와 처치, 운동요법, 레크리에이션론, 여가론, 레저스포츠(골프, 배구, 테니스, 스키, 레크리에이션, 포크댄스, 리듬체조, 기계체조, 재즈댄스 등), 스포츠 마사지, 식품위생학, 환경위생학, 산업보건 등을 배운다.

각 계열별로 체육과 관련 있는 학과를 구체적으로 살펴보면 다음과 같다. 굵게 표시된 부분은 해당 계열의 교육과정 내에서 상대적으로 체육을 많이 활용하는 학과다.

- 교육계열 : **예체능 교육(체육)과**
- 예체능계열 : **체육학과, 사회체육학과, 레저스포츠학과, 운동처방학과, 경기지도학과, 경호무도학과, 경호비서학과, 경찰경호무도과**, 무용학과, 연극·영화학과
- 자연계열 : 식품조리과
- 의약계열 : 보건학과, 물리치료학과, 작업치료학과

162

| 체육 과목 속 학과 찾기, 직업 찾기 |

앞의 글을 읽은 후 관심과 흥미가 유발된 학과(전공)에 대해 조사해 보자.

1순위 학과(전공)	2순위 학과(전공)	3순위 학과(전공)	작성법
			전공필수 과목, 실기 및 실습 유무, 대학 재학 중에 취득해야 할 자격증 등을 조사해 보자.
평가 :	평가 :	평가 :	교과 내용과 적성 일치도(적성검사 비교 등), 학업의 난이도, 주변 사람들의 적합도, 전공 관련 교과목 성적은 어떤지 평가해 보자.

앞의 글을 읽고 흥미가 유발된 직업에 대해 조사해 보자. 하는 일, 되는 방법, 직업 전망 등을 살펴본 뒤 자신의 직업 목표로 설정하는 것이 타당한지 평가해 보자.

하는 일	되는 방법	직업 전망
해당 직업인이 되었을 때 하는 일을 구체적으로 조사해 보자.	해당 직업인이 되기 위해 준비해야 할 것들을 해낼 자신이 있는지 스스로 평가해 보자.	인터넷 자료, 직업 관련 서적, 방송 및 신문기사, 주위 사람의 판단 등을 통해 직업 전망을 파악해 보자.
평가 : 적성, 흥미, 하는 일의 난이도, 작업 환경 등이 내가 희망해 온 직업과 맞는지 평가해 보자.	평가 : 전공과목과 관련된 교과목 성적, 수능 점수, 요구 학력, 자격증 등을 냉정하게 평가해 보자.	평가 : 이 직업의 발전 가능성, 취업 전망, 소득 수준 등을 평가해 보자. 가족 가운데 관련 종사자 유무 등을 조사해 보자.

평가 결과 분석
- 하는 일, 되는 방법, 직업 전망 가운데 3개 모두 맞거나 일치하면 '목표 직업'으로 설정
- 하는 일, 되는 방법, 직업 전망 가운데 2개가 맞거나 일치하면 '관심 직업'으로 설정
- 하는 일, 되는 방법, 직업 전망 가운데 1개 이하가 맞거나 일치하면 '다시' 설정

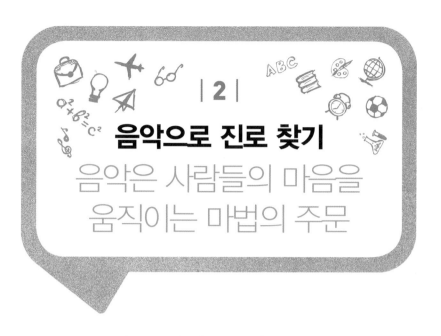

|2|

음악으로 진로 찾기

음악은 사람들의 마음을
움직이는 마법의 주문

흔히 바흐를 '음악의 아버지'라고 말한다. 헨델의 음악이 매우 섬세한 데 반해 바흐의 음악은 힘이 넘친다. 이 힘을 제대로 표현한 음악이 바로 '카논(Canon)'이다. 카논은 그리스어로 규칙, 표준 등의 의미를 가지고 있다. 이 곡은 각종 축제에서 자주 연주되거나 영화 등에 삽입된다. 영화 〈엽기적인 그녀〉에서 배우 전지현은 강의실에서 피아노로 '카논'을 연주했다.

클래식을 싫어하는 사람도 대개 '카논'은 좋아할 정도로, 이 곡은 동서고금, 남녀노소를 뛰어 넘어 대중적인 인기를 얻고 있다. 그래서 수많은 변주곡이 만들어지고 있으며, 락 버전, 국악 버전, 전자 메탈 버전 등 다양한 형태로 연주되고 있다.

이 곡을 좋아하는 사람은 많지만, 이 곡에 과학의 원리가 숨어 있다는 사실을 아는 사람은 별로 없다. '카논'은 현대 물리학자들이 가장 좋아하는 곡 가운데 하나이기도 하다. 물리학자들은 양자론을 음악으로 표현할 때, '카논'을 가장 많이 인용한다. 양자(퀀텀)를 음악으로 잘 표현했기 때문이다.

'카논'에서는 음이 한 옥타브씩 올라가다가 내려가다가 그리고 다시 제 위치로 돌아오는 것을 반복된다. 그렇게 띄엄띄엄 나타나는 소리는 양자의 세계를 표현하기에 가장 적합하다.

잘 이해가 되지 않으면 레오나르도 디카프리오가 주연한 영화 〈인셉션〉에 등장하는, 올라가지만 다시 원점으로 돌아오는 계단이나, 착시 그림으로 유명한 네덜란드의 초현실주의 화가 마우리츠 코르넬리스 에스허르의 〈상대성〉이란 작품을 검색해 보기 바란다.

우리가 좋아하는 음악에는 수많은 과학의 원리가 숨어 있다. 그 가운데 하나가 수학의 '공배수'다. 기본음의 진동수에 공배수를 많이 포함하면, 일치하는 배음(줄이나 공기 기둥 전체를 진동시켜 얻은 음)도 그만큼 많아져 아름다운 화음이 발생한다. 일반적으로 건반에서 '도, 미, 솔'은 배음이 되어 좋은 화음을 이루지만 '도, 레, 파'는 불협화음을 만드는 것이 그 예다.

음악은 마음을 움직이는 마력의 도구다. 연주자가 만들어 내는 소리의 파동은 영혼을 울린다. 그 파동의 중심에는 화음의 조화가 있다. 음악의 아버지 바흐는 시간적, 공간적 제한을 벗어나 조화로운 음을 만들었다. 영화 〈미션〉에서 신부 가브리엘은 원주민에게 가톨릭을 전파하기 위해 오보에를 홀로 연주하여 언어, 문화, 종교의 장벽을 뛰어넘는다. 어쩌면 음악은 우리가 알고 있는 가장 강력한 마법의 주문일지 모른다.

음악을 잘하면 유리한 직업

우리가 좋아하는 음악에 수많은 과학의 원리가 숨어 있듯이, 음악 과목과 관련해서도 다양한 직업들이 존재한다. 흔히 연주가, 작곡가, 가수, 작사가, 음악교사나 강사를 떠올리는데, 음악을 활용한 음악치료사, 음향 및 녹음기사, 악기수리원 및 조율사, 소리공학연구원, 무대음향전문가, 음악 프로그램 제작자, 음악평론가, 뮤지컬 배우 등 다양한 길이 있다.

음악은 시대별, 지역별로 여러 가지 장르가 존재한다. 시대별로는 고전음악, 현대음악 등으로 나누고, 지역별로는 한국음악, 서양음악 등으로 나눈다. 그리고 타악기, 현악기, 건반악기, 목관악기, 금관악기 등 악기의 종류도 다양하다. 또한 응용 분야에 따라 광고음악, 종교음악, 영화음악, 공연음악, 음악치료, 음악교육 등으로 나눌 수 있다.

음악과 관련 있는 학과

음악 관련 학과로는 음악학과, 국악학과, 기악학과, 성악학과, 작곡학과, 음향과, 예체능교육과 등이 있다. 이들 학과에서는 크게 이론과 실기로 구분해 수업을 진행한다. 이론의 경우 음악사, 음악분석, 악보분석, 화성법, 대위법, 시창·청음, 서양음악, 국악개론, 현대음악, 전자음악, 편곡법, 기초음향학 등이 있다. 실기의 경우 피아노실기, 관현악실기, 반주실습, 관현악 합주, 건반화성, 실내악, 작곡실습, 가곡, 오페라, 합창, 음악소프트웨어연구,

음향기기, 음향시스템, 음향측정, 음향영상제작 등이 있다. 실기 수업에서 이런 다양한 악기 연주법을 배우는 것은 아니다. 자신이 선택한 악기에 집중해 실기를 배운다.

각 계열별로 음악과 관련 있는 학과를 구체적으로 살펴보면 다음과 같다. 굵게 표시된 부분은 해당 계열의 교육과정 내에서 상대적으로 음악을 많이 활용하는 학과다.

- 인문계열 : 스토리텔링학과, 문화콘텐츠학과
- 교육계열 : 유아교육학과, 초등교육학과, **예체능교육(음악)학과**
- 예체능계열 : 영상/예술학과, **음악학과(국악, 기악, 피아노, 성악, 작곡, 관현악), 실용음악학과(생활음악, 대중음악, 아동음악, 기독교음악, 방송음악, 뮤지컬), 국악과(국악, 한국음악, 전통공연예술, 전통연희)**, 무용학과
- 이과계열 : 예술치료과

| 음악 과목 속 학과 찾기, 직업 찾기 |

앞의 글을 읽은 후 관심과 흥미가 유발된 학과(전공)에 대해 조사해 보자.

1순위 학과(전공)	2순위 학과(전공)	3순위 학과(전공)	작성법
			전공필수 과목, 실기 및 실습 유무, 대학 재학 중에 취득해야 할 자격증 등을 조사해 보자.
평가 :	평가 :	평가 :	교과 내용과 적성 일치도(적성검사 비교 등), 학업의 난이도, 주변 사람들의 적합도, 전공 관련 교과목 성적은 어떤지 평가해 보자.

앞의 글을 읽고 흥미가 유발된 직업에 대해 조사해 보자. 하는 일, 되는 방법, 직업 전망 등을 살펴본 뒤 자신의 직업 목표로 설정하는 것이 타당한지 평가해 보자.

하는 일	되는 방법	직업 전망
해당 직업인이 되었을 때 하는 일을 구체적으로 조사해 보자.	해당 직업인이 되기 위해 준비해야 할 것들을 해낼 자신이 있는지 스스로 평가해 보자.	인터넷 자료, 직업 관련 서적, 방송 및 신문기사, 주위 사람의 판단 등을 통해 직업 전망을 파악해 보자.
평가 : 적성, 흥미, 하는 일의 난이도, 작업 환경 등이 내가 희망해 온 직업과 맞는지 평가해 보자.	평가 : 전공과목과 관련된 교과목 성적, 수능 점수, 요구 학력, 자격증 등을 냉정하게 평가해 보자.	평가 : 이 직업의 발전 가능성, 취업 전망, 소득 수준 등을 평가해 보자. 가족 가운데 관련 종사자 유무 등을 조사해 보자.

평가 결과 분석
- 하는 일, 되는 방법, 직업 전망 가운데 3개 모두 맞거나 일치하면 '목표 직업'으로 설정
- 하는 일, 되는 방법, 직업 전망 가운데 2개가 맞거나 일치하면 '관심 직업'으로 설정
- 하는 일, 되는 방법, 직업 전망 가운데 1개 이하가 맞거나 일치하면 '다시' 설정

| 3 |

미술로 진로 찾기
다양한 산업에서
직업 영역 확장

　　미술은 진리를 향한 형이상학이다. 고전미술의 경우 사물을 있는 그대로 표현하는 형이하학적 작품이 많다. 하지만 현대미술은 보이지 않는 세계를 시각적으로 표현하는 형이상학적 작품이 많다.

　과학자는 수식이나 실험값으로 자연의 이치를 표현하고, 문학가는 글로, 음악가는 음악으로, 화가는 그림으로 세상을 표현하고 진리에 다가서려고 노력한다. 예를 들어 프로이트가 《꿈의 해석》에서 보이지 않는 무의식의 세계를 표현했다면, 스페인의 초현실주의 화가 살바도르 달리는 잠재된 인간의식의 세계를 그만의 편집증적인 방법론으로 표현하였다.

　또 다른 예로 네덜란드의 화가 마우리츠 코르넬리스 에스허르는 2차원의 세계와 3차원의 세계를 멋들어지게 표현하였다. 그의 그림 속에 자주 등장하는 계단은 분명 올라가고 있으나 결국 내려오게 되어 다시 원점으로 돌아온다. 이는 스티븐 호킹 박사와 함께 블랙홀 이론을 정립한 영국의 수학자이자 이론물리학자인 로저 펜로즈의 트라이앵글과 같은 원리다. 이 외에도 피카소의 작품 중에는 현대 물리학의 연구 대상인 보이지 않는 차원을 시각적으로 표현한 것들이 많다.

현대미술 작품뿐만 아니라 수많은 미술 작품이 인간 삶의 근원적 질문과 철학적 고민을 표현하고 있다. 스위스 제네바 외곽에 위치한 유럽 핵입자물리연구소(CERN)에서 수천 명의 과학자들은 인간이 어디서 와서, 어디로 향하는지에 대한 답을 찾으려 노력하고 있다.

폴 고갱의 〈우리는 어디서 왔는가? 우리는 누구인가? 우리는 어디로 갈 것인가?(Where do we come from? Who are we? Where are we going?)〉는 이런 근원적 질문, 다시 말해 모든 인간이 가진 진로 문제를 압축하는 작품이다. '우리'라는 관점을 '나'라는 관점으로 축소하면, 누구에게나 해당하는 삶의 본질적 질문이 된다. '나는 어디서 왔는가? 나는 누구인가? 나는 어디로 갈 것인가?' 삶의 목적과 진로 설정에 대한 질문이 담긴 철학적 주제다.

미술을 잘하면 유리한 직업

미술은 형이상학적 질문 외에 형이하학적이거나 실용적 목적으로도 많이 활용된다. 이런 미술의 흐름을 응용미술, 실용미술이라고 표현한다. 예를 들어 A4용지, 신용카드 등의 가로세로 길이의 비율은 황금비율로 정해진다. 수학의 피보나치수열을 응용하여 미술과 디자인에 접목한 것이다. 미술은 캔버스를 떠나 각종 건축물, 컴퓨터 제품, 캐릭터 제작, 영화, 무대 제작, 만화, 광고, 사진 등으로 응용되면서 그 영역을 확장하고 있다. 이는 예술성 중심의 순수미술에서 응용미술로 직업 영역이 확장되고 있음을 의미한다.

과거에는 미술을 잘하면 주로 화가, 조각가, 미술교사 등을 직업으로 삼았다. 하지만 최근에는 만화가 및 애니메이터, 컬러리스트, 패션디자이너, 제품디자이너, 시각디자이너, 인테리어디자이너, 사진작가, 광고 및 홍보전문가, 메이크업아티스트, 큐레이터, 컴퓨터그래픽전문가, 공예가 등 다양한 산업 영역에서 활동하고 있다.

음악과 비교하여 미술이 다양한 분야로 접목될 수 있었던 것은 미술이 가진 표현의 다양성과 의미 전달력 때문이다. '백문불여일견(百聞不如一見, 백번 듣는 것보다 한 번 보는 것이 낫다)'이란 말은 미술이 가진 이런 능력을 함축적으로 표현한 것이라 하겠다. 무의식 세계가 어떤지 말로 설명할 때는 이해하기 힘들지만, 무의식 세계를 치밀하고 정교하게 그려 낸 달리의 그림을 보면 우리는 형언할 수 없는 뭔가를 느끼게 된다.

미술과 관련 있는 학과

미술은 크게 미술·조형계열, 디자인계열, 응용예술계열로 나뉜다. 먼저 미술·조형계열의 경우 회화과, 동양화과, 서양화과, 응용미술학과, 조형학과 등이 있다. 디자인계열의 경우 산업디자인학과, 시각디자인학과, 패션디자인학과, 실내디자인학과 등으로 구분된다. 응용예술계열의 경우 공예학과, 도예학과, 사진학과, 만화애니메이션학과, 영상·예술학과 등이 있다. 그 외 건축학과, 자동차공학과, 의류 및 의상학과, 정보통신 관련 학과 등에서도 미술을 많이 활용한다.

대학에서 미술은 매우 다양한 학문으로 세분화된다. 전공별로 차이는 있으나 미술 및 조형의 경우 기초소묘, 기초소조, 기초조형, 기초디자인, 미술사, 미술 감상, 기초동양화, 기초서양화, 미학, 색채학 등을 배운다. 심화된 내용으로는 동양화, 서양화, 미술해부학, 종합조형론, 현대미술론, 미술평론, 공업디자인, 환경디자인, 제품디자인, 직조공예, 금속공예, 환경도예, 산업도예 등을 배운다.

그리고 디자인계열의 경우 기초디자인, 디자인제도, 디자인사, 디자인방법론, 3D디자인, 공공시설물디자인, 디스플레이디자인, 미디어디자인, 디자인공학, 디자인기호학, 포토디자인, 웹사이트디자인, 광고디자인, 패키지디자인, 의복디자인, 복식사, 패션마케팅, 디자인마케팅 등으로 심화된다. 응용예술 관련 학과의 경우 공예개론, 색채와 표현, 발상과 표현, 기초공예가 기초과목으로 추가되고, 심화과목으로 도자재료기법, 공예표현기법, 전통도자공예의 이해, 제품도자공예, 금속조형디자인, 장신구 조형, 조형도예, 염색공예, 유리공예, 직조조형 등을 배운다.

각 계열별로 미술과 관련 있는 학과를 구체적으로 살펴보면 다음과 같다. 굵게 표시된 부분은 해당 계열의 교육과정 내에서 상대적으로 미술을 많이 활용하는 학과다.

- 인문계열 : 문화·민속·미술사학과

- 교육계열 : 유아교육학과, 초등교육학과, **예체능 교육(미술)학과**

- 예체능계열 : **산업디자인학과, 시각디자인학과, 패션디자인학과, 실내디자인 학과, 공예학과**, 사진학과, 만화·애니메이션학과, **영상·예술학과, 회화과, 응 용미술학과, 조형학과**

- 공학계열 : 건축학과, 자동차공학과, 기전공학과

- 자연계열 : 식품조리과, 의류·의상학과

| 미술 과목 속 학과 찾기, 직업 찾기 |

앞의 글을 읽은 후 관심과 흥미가 유발된 학과(전공)에 대해 조사해 보자.

1순위 학과(전공)	2순위 학과(전공)	3순위 학과(전공)	작성법
			전공필수 과목, 실기 및 실습 유무, 대학 재학 중에 취득해야 할 자격증 등을 조사해 보자.
평가 :	평가 :	평가 :	교과 내용과 적성 일치도(적성검사 비교 등), 학업의 난이도, 주변 사람들의 적합도, 전공 관련 교과목 성적은 어떤지 평가해 보자.

앞의 글을 읽고 흥미가 유발된 직업에 대해 조사해 보자. 하는 일, 되는 방법, 직업 전망 등을 살펴본 뒤 자신의 직업 목표로 설정하는 것이 타당한지 평가해 보자.

하는 일	되는 방법	직업 전망
해당 직업인이 되었을 때 하는 일을 구체적으로 조사해 보자.	해당 직업인이 되기 위해 준비해야 할 것들을 해낼 자신이 있는지 스스로 평가해 보자.	인터넷 자료, 직업 관련 서적, 방송 및 신문기사, 주위 사람의 판단 등을 통해 직업 전망을 파악해 보자.
평가 : 적성, 흥미, 하는 일의 난이도, 작업 환경 등이 내가 희망해 온 직업과 맞는지 평가해 보자.	평가 : 전공과목과 관련된 교과목 성적, 수능 점수, 요구 학력, 자격증 등을 냉정하게 평가해 보자.	평가 : 이 직업의 발전 가능성, 취업 전망, 소득 수준 등을 평가해 보자. 가족 가운데 관련 종사자 유무 등을 조사해 보자.

평가 결과 분석
- 하는 일, 되는 방법, 직업 전망 가운데 3개 모두 맞거나 일치하면 '목표 직업'으로 설정
- 하는 일, 되는 방법, 직업 전망 가운데 2개가 맞거나 일치하면 '관심 직업'으로 설정
- 하는 일, 되는 방법, 직업 전망 가운데 1개 이하가 맞거나 일치하면 '다시' 설정

| 예체능계열 학과별 진출 직업 현황-4년제 |

산업 디자인

57% / 16% / 8% / 7% / 6% / 4%

- 시각디자이너
- 제품디자이너
- 웹 및 멀티미디어디자이너
- 패션디자이너
- 상점판매원
- 기타

패션 디자인

52% / 27% / 11% / 4% / 2%

- 패션디자이너
- 상점판매원
- 기획 및 마케팅사무원
- 인터넷판매원
- 시각디자이너
- 기타

회화

66% / 17% / 5% / 4% / 4%

- 예능강사
- 상점판매원
- 중·고등학교 교사
- 기획 및 마케팅사무원
- 총무사무원
- 기타

조소

51% / 19% / 11% / 8% / 6% / 5%

- 화가 및 조각가
- 예능강사
- 실내장식 디자이너
- 기획 및 마케팅사무원
- 안내·접수사무원 및 전화교환원
- 기타

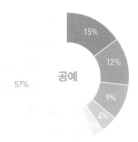

공예

57% / 15% / 12% / 9% / 4%

- 예능강사
- 공예원
- 상점판매원
- 제품디자이너
- 기획 및 마케팅사무원
- 기타

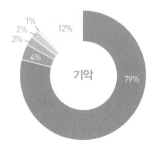

기악

79% / 12% / 4% / 2% / 2% / 1%

- 예능강사
- 지휘자·작곡가 및 연주가
- 문리 및 어학강사
- 상점판매원
- 매장계산원 및 요금정산원
- 기타

성악

28%
19%
41%
4% 4% 4%

- ■ 예능강사
- ■ 가수 및 성악가
- ■ 상점판매원
- ■ 중·고등학교 교사
- ■ 총무사무원
- ■ 기타

작곡

32%
16%
8%
6%
5%
34%

- ■ 예능강사
- ■ 지휘자·작곡가 및 연주가
- ■ 전산자료입력원 및 사무보조원
- ■ 중·고등학교 교사
- ■ 기획 및 마케팅사무원
- ■ 기타

국악

28%
19%
5%
6%
6%
36%

- ■ 예능강사
- ■ 국악 및 전통예능인
- ■ 지휘자·작곡가 및 연주가
- ■ 보육교사
- ■ 배우 및 모델
- ■ 기타

무용

22%
10%
8%
5%
4%
51%

- ■ 예능강사
- ■ 스포츠 및 레크리에이션 강사
- ■ 무용가 및 안무가
- ■ 매장계산원 및 요금정산원
- ■ 중·고등학교 교사
- ■ 기타

체육

18%
11%
6%
5%
3%
57%

- ■ 스포츠 및 레크리에이션 강사
- ■ 중·고등학교 교사
- ■ 상점판매원
- ■ 제품 및 광고영업원
- ■ 총무사무원
- ■ 기타

연극/영화

12%
8%
4%
4%
4%
68%

- ■ 감독 및 기술감독
- ■ 배우 및 모델
- ■ 기획 및 마케팅사무원
- ■ 상점판매원
- ■ 총무사무원
- ■ 기타

• 참고 : 한국고용정보원 「산업별 직업별 고용구조조사」의 최종 3개년 자료(관측치 : 307,104명)

| 예체능계열 학과별 진출 직업 현황–2년제 |

산업디자인

- 시각디자이너
- 상점판매원
- 경리사무원
- 제품 및 광고영업원
- 웹 및 멀티미디어디자이너
- 기타

패션디자인

- 상점판매원
- 패션디자이너
- 경리사무원
- 인터넷판매원
- 보험설계사 및 간접투자증권판매인
- 기타

회화

- 예능강사
- 상점판매원
- 제품 및 광고영업원
- 자재관리사무원
- 매장계산원 및 요금정산원
- 기타

공예

- 예능강사
- 상점판매원
- 경리사무원
- 전산자료입력원 및 사무보조원
- 자재관리사무원
- 기타

무용

- 상점판매원
- 스포츠 및 레크리에이션 강사
- 예능강사
- 경리사무원
- 매장계산원 및 요금정산원
- 기타

체육

- 스포츠 및 레크리에이션 강사
- 상점판매원
- 화물차 및 특수차 운전원
- 총무사무원
- 경찰관
- 기타

연극/영화

10%
7%
5%
6%
5%
67%

■ 배우 및 모델   ■ 영상·녹화 및 편집기사
■ 상점판매원   ■ 감독 및 기술감독
■ 제품 및 광고영업원   ⬜ 기타

미용

35%
26%
21%
3%
5%
10%

■ 미용사   ■ 웨이터
■ 피부미용 및 체형관리사   ■ 간호조무사
■ 상점판매원   ⬜ 기타

5장

이과계열 과목으로
진로 찾기

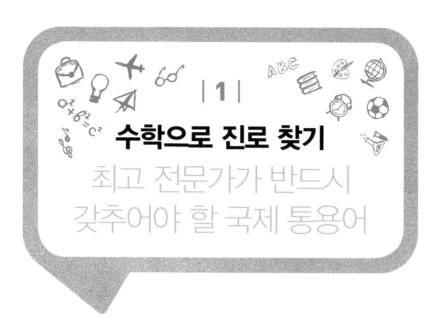

| 1 |

수학으로 진로 찾기

최고 전문가가 반드시 갖추어야 할 국제 통용어

많은 사람이 수(數) 자를 떠올리면 '악!' 하는 비명을 지른다. 수학은 학생들을 질리게 하는 수악한(手握汗) 존재다. 왜 수학은 이런 과목이 된 것일까? 그 이유는 간단하다. 많은 학생이 수학을 재미없게 배웠으며, 수학이 얼마나 유용한 학문인지 모르기 때문이다.

사실 수학은 세상의 진리와 많은 문제들을 해결할 수 있는 가장 값싼 도구다. 연필과 종이만 있으면 이 세상에 숨겨진 수많은 진리의 비밀을 밝혀낼 수 있다. 작게는 내가 언제 죽을지부터, 크게는 우주의 나이와 생성원리 및 미래까지 알 수 있다.

정규분포를 발견해 낸 수학자 아브라함 드무아브르는 자신의 수면시간이 매일 15분씩 길어진다는 사실을 깨닫곤 등차수열을 이용해 수면시간이 24시간이 되는 날을 계산하여 자신이 죽을 날을 예측하였다. 실제로 그는 자신이 예측한 1754년 그의 나이 87세에 죽었다. 상대성이론을 만든 알베르트 아인슈타인의 연구 도구는 연필과 종이였다. 오로지 연필과 종이 위에 수학을 활용해 특수상대성원리와 일반상대성원리를 발표하면서 시간과 공간이 결합되어 있음을 밝혀냈다. 또한 아이작 뉴턴은 떨어지는 사과를 보면서 수학을 활용하여 땅과 하늘을 연결하는 만유인력을 발견하였다. 지금 우리가 쓰는 컴퓨터, 자동차, 항공기, 스마트폰 등은 수학이 있기에 가능한 것들이다. 인류 과학 및 문명은 수학이 만들어 낸 산물이다.

수학은 상상력과 창의력이 필요한 학문이다

BC 500년, 수학자이자 철학자인 피타고라스는 만물의 근원을 '수'라고 말하였다. 필자는 학생 시절 이 말을 듣고 말도 안 되는 생각이라고 비웃었지만, 수십 년이 흐른 지금 이 얼마나 기발하고 아름다운 생각인지 알게 되었다. 세계적 석학 스티븐 호킹은 그의 저서 《위대한 설계》에서 이 세상에 창조주가 있다면 그는 아마 수학자가 직업일 것이라고 말했다. 그만큼 우주의 원리가 수학과 연결되어 있다는 것이다.

수학은 진리를 탐구할 수 있는 가장 좋은 도구임에도 불구하고 노벨상이 없다. 대신 수학 분야의 노벨상이라 부르는 '필즈상'이 있다. 노벨이 수학상을 만들지 않은 것은 수학에 대한 이해 부족 때문이다. 대부분 국가에서 수학을 가르치는 사람조차 수학의 활용 범위와 중요성을 모르고 단순히 계산하는 것쯤으로 여기는 경향이 있다. 하지만 수학은 단순히 계산하는 학문이 아니라 소설과 같이 무한 상상력이 필요한 동서고금의 언어다.

작가와 시인이 모국어로 글을 쓰듯, 과학자는 수학으로 자신의 생각을 표현하고 추론하고 검증한다. 수학은 가장 논리적이면서 상상력과 창의력이 필요한 학문이다. 수학은 낮은 단계에서는 논리적 계산력을 요구하나 높은 단계에 이르면 소설가와 같은 무한 상상력이 필요하다. 《이상한 나라의 앨리스》를 쓴 루이스 캐럴은 동화작가이자 수학자였다.

23개 수학 난제로 유명한, 수학의 대가 데이비드 힐베르트에게 어떤 사람이 한 수학자가 소설가로 직업을 바꾼 이야기를 해주었다. 이 이야기를 듣고 힐베르트는 "그 사람은 수학자가 되기엔 상상력이 부족했겠지만, 소설가가 되기엔 상상력이 충분했을 것"이라고 말했다.

수학은 재미없는 계산의 반복이 아니라, 재미있는 소설과 같은 학문이다. 많은 학생이 수학이 싫어서 이과가 아닌 문과를 선택한다. 수학을 오해한 결과다. 수학은 결코 재미없는 학문이 아니다.

우리 일상생활 곳곳에 수학이 사용되고 있다. 각종 임상실험을 통한 치료약이나 제품을 만들기 위해서 보건의료 통계를 활용하며, 각종 정보를 수로 전환하여 날씨를 예측한다. 그리고 금융상품의 투자 위험성과 수익률을 수로 전환하여 각종 이론과 모형에 대입해 금융시장을 움직인다. 우리가 매일 보는 지하철 노선도 또한 단순화를 강조한 '위상수학(位相數學)'을 활용한 결과다. 또한 각종 문자언어를 수로 바꾸어 암호를 만들기도 하며, 컴퓨터는 이진법으로 연산하고, 비행기·선박·인공위성은 수학자 데카르트가 만들어 낸 좌표를 활용한다.

이뿐만 아니라 건축물의 미적 아름다움을 강조하기 위해 기하학을 활용한다. 예를 들어 인간이 가장 미적 안정감을 느끼는 황금 비율을 만드는 피보나치 수열을 응용하여 건축물이나 A4용지의 가로세로 비율을 정하기도 한다. 그 외에도 각종 학문에서 수학이 활용되나, 그 활용도가 너무 넓어 일일이 열거하는 것이 구차할 정도다. 그만큼 수학은 우리 일상생활 곳곳에 녹아 있다.

수학은 평범한 직업인에겐 의미 없는 숫자일지 모르나, 거의 모든 분야에서 최고 전문가가 되기 위해서는 수학은 반드시 필요한 언어 중 하나다. 말이 통하지 않더라도 수학은 어느 국가, 어느 직업에서든 통한다. 수학을 잘한다는 것은 국제 통용어 하나를 배우는 것이다. 어느 국가나 어느 학문이나, 최고의 전문가들이 모여 만든 학회라는 집단이 있다. 공학과 관련된 학회든 법률학회든 심지어 철학 관련 학회든, 학회에서 발간되는 논문집을 살펴보면 모두 수학이라는 언어를 가장 많이 활용한다.

참고로 수학 가운데 가장 현실에서 많이 활용되는 영역은 확률과 통계다. 왜 확률과 통계가 많이 활용될까? 현실과 미래를 가장 쉽게 표현할 수 있기 때문이다. "신은 주사위 놀이를 하지 않는다"라고 말한 아인슈타인이 오늘날 실험결과를 보면, "신은 주사위 놀이를 좋아한다"라고 말할 것이다. 적성과 미래의 성공 여부도 확률로 계산할 수 있기 때문이다.

오늘날 우리 교육은 수학을 창의력이 철저히 무시된 수리와 계산으로 전락시켰다. 수학은 결코 시험 성적을 올리기 위해 계산하는 학문이 아니다. 수학은 창의적인 학문이며, 진리에 다가서기 위한 학문이다. 부끄럽지만 필자 또한 불혹(40)의 나이를 넘겨서야 수학을 왜 배웠는지 깨달았다. 수학을 싫어하는 많은 사람에게 말하고 싶다. 내가 좋아하는 이론 가운데 하나인 우아하고도 아름다운 수식 'E=mc²'은 수학의 산물이다. 수학은 진리를 갈구하는 최고 전문가를 위한 국제통용어임을 잊지 말아야 한다. 신은 이 세상 모든 진리를 숫자로 숨겨 두었다. 이것이 우리가 수학을 배우는 진정한 이유다.

수학을 잘하면 유리한 직업

인문사회과학연구원이든 자연과학연구원이든 연구원은 수학을 많이 활용하는 직업이다. 그중 자연과학연구원이 수학을 더 많이 활용한다. 연구는 크게 이론연구와 응용연구(기본적인 이론을 현장에 적용하여 검증하는 것을 목적으로 하는 연구)로 나눌 수 있다. 특히 이론연구에서 수학이 매우 중요한 역할을 한다. 이론연구에서 수학을 많이 활용하는 이유는 수학이 가설을 증명할 수 있는 가장 현실적인 도구이기 때문이다.

아인슈타인이 상대성원리를 증명하기 위해 시간과 공간을 결합하는 실험을 하기에는 수많은 제약이 따르지만 수학에는 그런 제약이 거의 없다. 이론 분야 연구원은 각종 가정하에 수학적 기법을 통한 증명, 연산 등을 반복한다. 예컨대 비둘기가 난다든지, 접시가 돌아가는 것 등의 행태를 수식으로 표시하고 검증할 때 수학적 방법을 활용한다.

응용연구의 경우 이론연구만큼 수학을 적극적으로 활용하지는 않지만, 통계, 함수, 행렬, 미적분 등의 제한된 범위의 수학을 활용한다. 모형의 설정 및 검증, 결과 해석 등이 주요 사용 범위다.

수학을 많이 활용하는 직업으로는 이공계열 교수, 보험계리인, 자연과학연구원, 경제학자, 금융공학자, 투자분석가, 수학교사, 수학강사, 시장 및 여론조사전문가 등이 있다. 보험 상품을 만들 경우, 수학을 이용해 위험성에 대한 확률을 계산하고, 보상 액수와 적정한 보험료를 산정한다. 금융상품의 경우 수학을 이용해 투자수익률을 계산한다.

그러나 사실 대부분의 직업 종사자들은 기껏해야 엑셀을 이용한 돈 관리나 물품 관리 정도에 수학이 아닌 산수를 사용한다. 엔지니어나 측량사의 경우 수학을 사용하지만 한정된 범위에서 결과 값에 대한 해석이나 특정 프로그램에 수치를 입력하는 정도에 불과하다. 반면 초중등학교 수학교사, 초중등학원의 수학강사의 경우 매우 일상적으로 수학을 사용한다. 하지만 이들이 사용하는 수학은 앞서 제시한 창의적인 수학이 아닌 기계적인 수학이다. 문제풀이 중심이기 때문이다.

수학과 관련 있는 학과

수학을 가장 많이 활용하는 학과는 자연계열의 수학과, 통계학과, 물리학과가 대표적이다. 그 외 공학계열 대부분의 전공에서 수학을 많이 활용한다. 반면 의약계열의 경우 수학의 활용도가 그리 높지 않다. 실제 대학이나 취업 현장에선 보건의료 통계 정도가 활용될 뿐이다. 따라서 수학에 자신이 없는 이과 성향의 학생이라면 의약계열이나 생명과학 관련 학과를 택하는 것도 방법이다.

흔히 문과 학과의 경우 수학과 거리가 멀다고 생각한다. 하지만 사회계열 학과의 경우 대부분 통계학이 중요한 과목이다. 그리고 경제학과나 경영학과의 경우 금융수학, 경제경영수학, 통계학, 계량경제학 등을 배우므로 수학적 지식이 많이 요구된다.

각 계열별로 수학과 관련 있는 학과를 구체적으로 살펴보면 다음과 같다. 굵게 표시된 부분은 해당 계열의 교육과정 내에서 상대적으로 수학을 많이 활용하는 학과다.

- 인문계열 : 심리학과
- 사회계열 : **경제학과**, **경영학과**, 광고·홍보학과, 행정학과, 사회학과
- 교육계열 : **수학교육학과**, 공학교육학과
- 예체능계열 : 만화·애니메이션과
- 공학계열 : **건축·설비공학과**, 토목공학과, 도시공학과, 지상교통공학과, **항공우주공학과**, 항공교통학과, **항공기계공학과**, **해양공학과**, **기계공학과**, **금속공학과**, **자동차공학과**, **전기공학과**, **전자공학과**, **제어계측공학과**, **광학공학과**, **에너지공학과**, **반도체공학과**, 세라믹공학과, **신소재공학과**, **재료공학과**, **컴퓨터공학과**, **산업공학과**, **화학공학과**, **기전공학과**
- 자연계열 : **수학과**, **통계학과**, **물리학과**, **천문학과**, **대기과학과**, 지구과학과

| 수학 과목 속 학과 찾기, 직업 찾기 |

앞의 글을 읽은 후 관심과 흥미가 유발된 학과(전공)에 대해 조사해 보자.

1순위 학과(전공)	2순위 학과(전공)	3순위 학과(전공)	작성법
			전공필수 과목, 실기 및 실습 유무, 대학 재학 중에 취득해야 할 자격증 등을 조사해 보자.
평가 :	평가 :	평가 :	교과 내용과 적성 일치도(적성검사 비교 등), 학업의 난이도, 주변 사람들의 적합도, 전공 관련 교과목 성적은 어떤지 평가해 보자.

앞의 글을 읽고 흥미가 유발된 직업에 대해 조사해 보자. 하는 일, 되는 방법, 직업 전망 등을 살펴본 뒤 자신의 직업 목표로 설정하는 것이 타당한지 평가해 보자.

하는 일	되는 방법	직업 전망
해당 직업인이 되었을 때 하는 일을 구체적으로 조사해 보자.	해당 직업인이 되기 위해 준비해야 할 것들을 해낼 자신이 있는지 스스로 평가해 보자.	인터넷 자료, 직업 관련 서적, 방송 및 신문기사, 주위 사람의 판단 등을 통해 직업 전망을 파악해 보자.
평가 : 적성, 흥미, 하는 일의 난이도, 작업 환경 등이 내가 희망해 온 직업과 맞는지 평가해 보자.	평가 : 전공과목과 관련된 교과목 성적, 수능 점수, 요구 학력, 자격증 등을 냉정하게 평가해 보자.	평가 : 이 직업의 발전 가능성, 취업 전망, 소득 수준 등을 평가해 보자. 가족 가운데 관련 종사자 유무 등을 조사해 보자.

평가 결과 분석
• 하는 일, 되는 방법, 직업 전망 가운데 3개 모두 맞거나 일치하면 '목표 직업'으로 설정
• 하는 일, 되는 방법, 직업 전망 가운데 2개가 맞거나 일치하면 '관심 직업'으로 설정
• 하는 일, 되는 방법, 직업 전망 가운데 1개 이하가 맞거나 일치하면 '다시' 설정

|2|
물리로 진로 찾기
자연의 본질에 가장 가까이 다가선 학문

프랑스의 수학자이자 물리학자, 철학자인 블레즈 파스칼이 남긴 "인간은 생각하는 갈대다"라는 명언을 누구나 한 번쯤 들어 보았을 것이다. 하지만 "자연의 본질은 운동이다"란 말은 그다지 알려져 있지 않다. 철학자로서의 파스칼을 강조한다면, "인간은 생각하는 갈대"라는 의미심장한 말이 중요하겠지만, 물리학자로서 그의 통찰력을 잘 엿볼 수 있는 문구는 후자다.

물리학의 핵심은 힘에 의한 운동이다. 아주 큰 물체부터 작은 물체까지 어떻게 운동하는지에 대한 메커니즘을 공부한다. 물리학은 크게 거시물리학과 미시물리학으로 나뉜다. 거시물리학은 행성이나 눈에 보이는 물체가 어떻게 운동하는지를 공부하고, 미시물리학은 눈에 보이지 않는 매우 작은 물질이 어떻게 운동하는지를 탐구한다.

194

고등학교 때 배우는 물리학은 주로 거시물리학으로, 상대성이론과 양자론이 나타나기 이전의 고전물리학이다. 반면 현대물리학은 주로 미시물리학을 다룬다. 너무 작은 것들을 연구하다 보니 실험이 어렵고, 관측이 어렵다. 그래서 수학을 더욱 많이 활용한다.

앞서 파스칼이 수학자이자 물리학자인 것만 보아도 쉽게 이해할 수 있듯이, 물리 과목은 수학과 가장 밀접한 관계가 있는 학문이며, 가장 진리에 다가선 자연철학이다. 따라서 순수물리는 공부하기는 매우 힘들지만 수많은 학문과의 연관성이 높은 기초과학이다.

물리를 잘하면 유리한 직업

물리 과목을 좋아한다면 진출할 수 있는 직업의 폭이 매우 넓다. 예를 들어 고등학교 정도의 물리 수준이라면 소방관부터 우주물리학자, 로봇기술자까지 다양한 분야에서 물리 지식을 활용할 수 있다.

물리학을 직접적으로 활용하는 직업은 이·공학계열교수, 중등학교교사 (물리 과목), 건축공학기술자, 토목공학기술자, 항공공학기술자, 해양공학기술자, 기계공학기술자, 로봇연구원, 자동차공학기술자, 대체에너지개발연구원, 전자공학기술자, 자연과학연구원, 통신공학기술자, 화학공학기술자, 에너지공학기술자, 금속공학기술자, 재료공학기술자, 섬유공학기술자 등이 있다.

그리고 물리 지식이 직무 수행에 많이 필요한 직업으로는 변리사, 안경사, 선박기관사, 각종 항공기·선박정비원, 안전진단 검사원, 공작기계조작원, 물리치료사, 기계정비원, 철도 및 지하철기관사, 소방관, 의료장비기사, 작업치료사 등이 있다. 지면 관계상 일일이 열거할 수 없음을 양해하기 바란다.

물리와 관련 있는 학과

물리 과목이 전공에서 가장 많이 활용되는 학과는 인문계열의 자연계교육학과(물리)와 공학교육학과다. 공학계열의 경우 대부분이 물리학과 관련되어 있다. 고등학교 때 배운 물리는 대학에서 일반물리학, 동역학, 열역학, 유체역학, 재료역학, 고체역학, 핵물리학, 광학, 물성론, 열관리공학, 섬유물리학, 약품물리학, 목재물리학, 물리화학, 물리실험, 핵물리학, 전자기학, 반도체물리학, 양자물리학, 소립자물리학, 천체물리학, 물리기상학, 지구물리학, 현대물리학 등의 과목으로 심화된다. 심화된 교육 내용의 상당수가 수학을 활용하여 수업이 이뤄지며, 특히 미분과 적분이 많이 활용된다.

앞서 물리학의 세부 과목명에서도 알 수 있듯, 물리학은 흔히 역학으로 표현되는 운동과 힘에 대한 연구다. 모든 사물은 빛과 같이 작은 입자든 지구처럼 큰 행성이든 끝없이 자신의 진로를 찾아 운동하고 있다. 이 운동이 어디서 시작됐는지, 왜 운동하는지, 어디를 향해 운동하는 것인지 궁금하다면, 당신은 물리를 정말 좋아하는 사람이다.

인류는 이 질문에 답하고자 소크라테스부터 파스칼 등을 거쳐 슈뢰딩

거, 아인슈타인, 스티븐 호킹 등에 이르기까지 끝없이 생각하는 갈대가 되어 자연의 본질이 운동임을 규명하고 있다. 그 결과 현대물리학은 자연의 본질에 가장 가까이 다가선 학문이 되었다.

각 계열별로 물리와 관련 있는 학과를 구체적으로 살펴보면 다음과 같다. 굵게 표시된 부분은 해당 계열의 교육과정 내에서 상대적으로 물리를 많이 활용하는 학과다.

- 교육계열 : **자연계 교육(물리)학과, 공학교육과**
- 예체능계열 : 만화·애니메이션학과, 체육학과, 음향과
- 공학계열 : 건축·설비공학과, 건축학과, **토목공학과**, 지상교통공학과, **항공우주공학과, 항공기계공학과, 해양공학과, 기계공학과, 금속공학과, 자동차공학과, 전기공학과, 전자공학과,** 제어계측공학과, **광학공학과, 안경광학과, 에너지공학과, 반도체공학과,** 세라믹공학과, **섬유공학과, 신소재공학과, 재료공학과, 화학공학과, 기전공학과**
- 자연계열 : **수학과, 물리학과,** 천문과학과, 대기과학과, 지구과학과, 임산공학과
- 의약계열 : 방사선학과, 물리치료학과, 의료장비과, 의료공학과, 약학과

| 물리 과목 속 학과 찾기, 직업 찾기 |

앞의 글을 읽은 후 관심과 흥미가 유발된 학과(전공)에 대해 조사해 보자.

1순위 학과(전공)	2순위 학과(전공)	3순위 학과(전공)	작성법
			전공필수 과목, 실기 및 실습 유무, 대학 재학 중에 취득해야 할 자격증 등을 조사해 보자.
평가 :	평가 :	평가 :	교과 내용과 적성 일치도(적성검사 비교 등), 학업의 난이도, 주변 사람들의 적합도, 전공 관련 교과목 성적은 어떤지 평가해 보자.

앞의 글을 읽고 흥미가 유발된 직업에 대해 조사해 보자. 하는 일, 되는 방법, 직업 전망 등을 살펴본 뒤 자신의 직업 목표로 설정하는 것이 타당한지 평가해 보자.

하는 일	되는 방법	직업 전망
해당 직업인이 되었을 때 하는 일을 구체적으로 조사해 보자.	해당 직업인이 되기 위해 준비해야 할 것들을 해낼 자신이 있는지 스스로 평가해 보자.	인터넷 자료, 직업 관련 서적, 방송 및 신문기사, 주위 사람의 판단 등을 통해 직업 전망을 파악해 보자.
평가 : 적성, 흥미, 하는 일의 난이도, 작업 환경 등이 내가 희망해 온 직업과 맞는지 평가해 보자.	평가 : 전공과목과 관련된 교과목 성적, 수능 점수, 요구 학력, 자격증 등을 냉정하게 평가해 보자.	평가 : 이 직업의 발전 가능성, 취업 전망, 소득 수준 등을 평가해 보자. 가족 가운데 관련 종사자 유무 등을 조사해 보자.

평가 결과 분석
- 하는 일, 되는 방법, 직업 전망 가운데 3개 모두 맞거나 일치하면 '목표 직업'으로 설정
- 하는 일, 되는 방법, 직업 전망 가운데 2개가 맞거나 일치하면 '관심 직업'으로 설정
- 하는 일, 되는 방법, 직업 전망 가운데 1개 이하가 맞거나 일치하면 '다시' 설정

| 3 |
화학으로 진로 찾기
기초과학이면서도
실용성이 높은 학문

고대 그리스인들은 만물은 흙, 불, 공기, 물로 구성되어 있다고 생각했다. 이는 고대 그리스의 철학자 엠페도클레스가 처음 주장했던 가설로 '4원소설'이라 한다. 1803년 존 돌턴의 원자론이 나오기 전까지 사람들은 약 2000년 동안 4원소설을 믿었다.

우리 눈에는 전혀 다르게 보이는 물질도 화학성분을 분석해 보면 모두 원소주기율표에 나타난 기본 물질로 구성되어 있다. 기본 물질이 어떻게 결합하는지에 따라 다양한 세상 만물이 형성된다. 따라서 우리 눈에 보이는 사물의 실체는, 화학자의 눈으로 보면 아주 단순할 것이며 그동안 알고 있던 것이 실체가 아님을 깨닫게 될 것이다. 이처럼 화학은 우리 눈에 보이는 물질의 실체에 대한 의심에서 시작되는 학문이다.

중세시대 연금술사들은 흙, 불, 공기, 물의 비율을 조정하면 다른 물질로 변화시킬 수 있으리라 생각했다. 이들은 물질의 성질을 변화시켜 '현자의 돌'을 만들려고 했다. 현자의 돌에는 구리·납·주석 등의 비금속(卑金屬)을 황금으로 바꾸고, 나아가서는 인간을 젊게 하고 병을 낫게 할 수 있는 신비한 힘이 들어 있다고 믿었기 때문이다. 연금술은 근대 화학이 성립하기 이전까지 무려 천 년 이상 계속되었다.

다소 엉뚱한 연금술사들의 생각은 화학 발전에 크게 이바지하였다. 연금술사들은 비록 현자의 돌은 아닐지라도, 오늘날 활용되는 수많은 화학 실험기구들을 만들었으며, 화학적 성질을 변화시켜 인과 같은 새로운 물질을 발견하기도 하였다. 따라서 근현대 화학의 초석은 연금술의 발전과 궤를 같이한다.

연금술에서 알 수 있듯이 화학은 새로운 물질을 개발하거나, 기존의 물질을 인공적으로 만들어 내거나, 물질의 성질을 분석하여 그 성질을 활용한다. 따라서 화학은 기초과학이면서도 실용성이 높은 학문이다. 인류가 화학적 지식을 통하여 만들어 낸 새로운 물질은 단열재와 같은 건설 재료, 컵라면 용기, 플라스틱, 약품, 염색재료, 의료용품, 농약, 비료, 태양전지, 연료저장장치, 화장품 등 그 수를 헤아릴 수 없다.

오늘날 우리는 인공 화학제품 없이는 살아가기 힘들다. 음식에 들어가는 화학조미료부터, 화장품, 신발, 의료, 주택 등 화학이 결합되지 않은 것을 찾기가 어려울 정도다. 화학의 활용도가 넓은 만큼, 화학과 관련한 직업도 많다.

화학을 잘하면 유리한 직업

화학은 물리와 함께 기초과학 분야다. 물리의 경우 주로 공학계열 학과로 진로가 연결된다. 반면 화학의 경우 공학계열 학과와도 연결되지만, 자연 계열 및 의약계열 학과로 진로가 연결되는 경우가 많다. 그리고 생물 과목과 연관성이 높으므로, 화학과 생물을 둘 다 잘하면 다양한 진로를 찾을 수 있다.

또한 화학은 물리에 비해 상대적으로 수학을 덜 활용하지만, 실험은 물리 분야보다 오히려 화학 분야에서 더 많이 한다. 그렇다고 해서 화학 분야에 있어서 수학이 중요하지 않다는 것은 절대 아니다.

그리고 물질에 대한 연구와 그것의 운동에 관여하는 에너지나 힘 등을 연구하는 물리학에 비해 화학의 성과는 생활 곳곳에서 나타나므로 일반인도 금세 피부로 느낄 수 있다. 화학은 그만큼 실용성이 높은 분야다. 화학의 매력은 숨겨진 포뮬러(화학식)를 찾아 세상을 바꾸는 것에 있다.

화학과 관련한 직업으로는 화학공학기술자, 환경공학기술자, 대체에너지개발연구원, 이공학계열교수, 환경영향평가원, 섬유공학기술자, 재료공학기술자, 산업안전 및 위험관리원, 식품공학기술자, 생명과학연구원, 임상병리사, 문화재보존가, 자연과학연구원, 화공기사, 위험물관리사, 화학류관리사, 특수소방관, 고분자제품제조기사, 화학분석기사, 농화학기사, 식품제조기사, 산업위생기사 등이 있다.

화학과 관련 있는 학과

고등학교 때 배운 화학은 대학에서 주로 일반화학, 일반화학실험, 무기화학, 유기화학, 화학반응공학, 재료물리화학, 세라믹분석화학, 합성섬유재료, 염료화학, 기기분석화학, 촉매공학, 석유 및 정밀화학, 화학공정실험, 소방화학, 위험물질론 및 실험, 물리화학, 분석화학, 환경화학, 나노화학, 토양화학, 농약화학, 동물생화학, 해양화학, 수의생화학, 대기화학, 식품화학, 목재화학, 천연물화학, 수리화학, 암석지구화학, 생화학, 구강생화학, 임상생화학, 분석생화학, 수목생화학, 화학처리목재 등으로 심화된다.

각 계열별로 화학과 관련 있는 학과를 구체적으로 살펴보면 다음과 같다. 굵게 표시된 부분은 해당 계열의 교육과정 내에서 상대적으로 화학을 많이 활용하는 학과다.

- 교육계열 : **자연계 교육과, 공학교육과**
- 공학계열 : 건축·설비공학과, 해양공학과, 금속공학과, 안경광학과, 에너지공학과, 반도체공학과, 세라믹공학과, **섬유공학과, 신소재공학과, 재료공학과, 화학공학과,** 기전공학과, **소방방재학과, 화장품과학과, 환경공학과**
- 자연계열 : **화학과,** 농학과, 축산학과, 수산학과, **임산공학과, 환경학과, 식품공학과,** 응용동물학과, 대기과학과
- 의약계열 : 치의학과, **약학과, 임상병리학과,** 치위생학과

앞의 글을 읽은 후 관심과 흥미가 유발된 학과(전공)에 대해 조사해 보자.

1순위 학과(전공)	2순위 학과(전공)	3순위 학과(전공)	작성법
			전공필수 과목, 실기 및 실습 유무, 대학 재학 중에 취득해야 할 자격증 등을 조사해 보자.
평가 :	평가 :	평가 :	교과 내용과 적성 일치도(적성검사 비교 등), 학업의 난이도, 주변 사람들의 적합도, 전공 관련 교과목 성적은 어떤지 평가해 보자.

앞의 글을 읽고 흥미가 유발된 직업에 대해 조사해 보자. 하는 일, 되는 방법, 직업 전망 등을 살펴본 뒤 자신의 직업 목표로 설정하는 것이 타당한지 평가해 보자.

하는 일	되는 방법	직업 전망
해당 직업인이 되었을 때 하는 일을 구체적으로 조사해 보자.	해당 직업인이 되기 위해 준비해야 할 것들을 해낼 자신이 있는지 스스로 평가해 보자.	인터넷 자료, 직업 관련 서적, 방송 및 신문기사, 주위 사람의 판단 등을 통해 직업 전망을 파악해 보자.
평가 : 적성, 흥미, 하는 일의 난이도, 작업 환경 등이 내가 희망해 온 직업과 맞는지 평가해 보자.	평가 : 전공과목과 관련된 교과목 성적, 수능 점수, 요구 학력, 자격증 등을 냉정하게 평가해 보자.	평가 : 이 직업의 발전 가능성, 취업 전망, 소득 수준 등을 평가해 보자. 가족 가운데 관련 종사자 유무 등을 조사해 보자.

평가 결과 분석
- 하는 일, 되는 방법, 직업 전망 가운데 3개 모두 맞거나 일치하면 '목표 직업'으로 설정
- 하는 일, 되는 방법, 직업 전망 가운데 2개가 맞거나 일치하면 '관심 직업'으로 설정
- 하는 일, 되는 방법, 직업 전망 가운데 1개 이하가 맞거나 일치하면 '다시' 설정

| 4 |

생물로 진로 찾기

학과와 직업 선택의
폭이 넓다

　　찰스 다윈의《종의 기원》, 칼 마르크스의《자본론》, 지그문트 프로이트의《꿈의 해석》은 인류 역사를 크게 변화시킨 3대 저서로 손꼽힌다. 다윈은 자연 선택에 의한 생물 진화 과정을 체계적으로 밝혔고, 마르크스는 자본주의를 체계적으로 분석·비판하여 사회주의 경제의 근간을 이루었으며, 프로이트는 무의식의 세계를 체계적으로 규명하였다.

　《자본론》과《꿈의 해석》은 여러 학자들에 의해 많은 비판을 받았으며, 시간이 흘러감에 따라 이론적 체계 및 실제 현실 적용에 있어서 많은 문제점이 발견되었다. 하지만《종의 기원》은 시간이 흘러갈수록 이론적 체계 및 과학적 증거가 공고해지고 있다. 진화론에 따르면 이 세상에 살아남는 생물 종은 공룡과 같이 힘이 센 종도 아니요, 지능이 높은 종도 아니었다. 변화에 적응을 잘하는 진화하는 종이 살아남는다.

생물의 적응 과정은 DNA라는 유전정보에 기록되어 후대에 전달되면서 종의 진화를 촉진시켰다. 죽은 동물을 해부하고 비교하던 생물학은 다윈의 《진화론》과 생리학자인 프리드리히 미셰르의 DNA의 발견, 분자생물학자인 제임스 왓슨과 프랜시스 크릭의 DNA의 이중나선형 구조 규명과 더불어 정보학과 결합되면서 비약적인 발전을 하고 있다. 생물은 박물학 및 생물 분류 차원에서 더욱 진화하여 행동, 심리, 정보, 공학, 화학과 결합되었고, 생명과학 및 생명공학으로 발전하였다.

생물은 우리 일상에서 폭넓게 활용되는 분야다. 집 안에 놓인 화초, 반려동물 등이 모두 생물과 관련되어 있다. 우리 인간도 생물 가운데 하나다. 그래서 생물과 관련한 직업 및 전공의 폭이 넓다.

생물을 잘하면 유리한 직업

생물 과목을 좋아한다면, 다양한 학과 및 직업을 선택할 수 있다. 생물과 관련한 직업은 종사자 수도 많고, 활용 범위도 넓다. 생물과 관련한 직업으로는 생명과학연구원, 수의사, 이공학계열 교수, 중등학교교사, 동물사육사, 동물조련사, 생물분류기사 등이 있다. 그리고 보건의료계열에서는 의사, 약사, 한의사, 한약사, 치과의사, 물리치료사, 간호사, 특수학교교사, 작업치료사, 치과위생사, 방사선사, 임상병리사 등이 관련성이 높다. 이외에 식품공학기술자, 임상심리사, 영양사, 응급구조사, 피부관리사, 조경기술자, 농업기술자, 영양사, 의료장비기사, 임상심리사, 안경사, 환경공학기술자, 문화재보존원, 조리사, 병원코디네이터, 산업안전 및 위험물관리원, 산악 및 수상인명구조원, 소방관, 임업인, 특용작물재배자, 어업인 등 다양한 직업과 관련되어 있다.

생물과 관련 있는 학과

생물 과목은 대학에서 다양한 과목으로 심화 또는 응용된다. 대상에 따라 동물학, 식물학, 미생물학 등으로 구분한다. 인간을 대상으로 할 경우 의학과, 치의학 등으로 연결되며, 동물의 경우 크게 육상동물 분야와 수상동물 분야로 구분된다. 육상동물은 수의학이나 응용동물학으로 분화되고, 작은 애완동물은 애완동물학으로, 식용은 축산학으로 분화된다. 수상동물은 수산학, 해양학, 양식학, 해양생명의학과 등으로 분화된다.

그리고 식물을 대상으로 할 경우 나무와 같은 산림분야는 자원학, 산림학으로 분화되고, 꽃은 원예학, 화훼학 등으로 분화된다. 미생물의 경우 미생물학, 위생학, 생화학 등과 연계된다. 인간이 먹는 작물의 경우 농업과 농학으로 분화된다. 식품의 경우 식품영양학, 식품제조공학, 식품조리학 등에서 다룬다. 반면 질병과 관련된 식품은 약학이나 특용작물학 등으로 분화된다.

생물을 대상이 아닌 연구방법에 따라 구분하면, 유전학, 발생학, 생태학 등의 분야로 나뉜다. 주로 생명과학과 관련한 분야로 생명체의 생식, 유전, 발생, 분열, 생리, 생화학적 변화, 배양, 환경과의 관계 등을 다룬다. 이외에도 간호학, 보건학, 치위생학, 치기공학, 환경공학, 조경학, 의료장비공학, 화장품과학, 양식학 등 다양한 분야에서 생물과 관련한 지식을 요구한다. 또한 고고생물학, 동물심리학, 동물행동학, 분자생물학, 동물사회학, 우주생물학, 행동주의경제학 등 다양한 분야로 진화해 나가고 있다.

생물이 진화하듯 학문도 진화한다. 다윈의 진화론은 단순히 자연과학 분야를 넘어 인문학 및 철학사상에 많은 영향을 주었다. 흔히 이런 철학사상을 다윈주의(Darwinism)나 사회적 다윈주의(Social Darwinism)라고 한다. 그래서 생물은 과학 및 보건의료 분야 외에 인문학과 융합되기도 한다.

각 계열별로 생물과 관련 있는 학과를 구체적으로 살펴보면 다음과 같다. 굵게 표시된 부분은 해당 계열의 교육과정 내에서 상대적으로 생물을 많이 활용하는 학과다.

- 교육계열 : **자연계 교육(생물)과**, 예체능교육(체육)과
- 예체능계열 : 체육학과
- 공학계열 : 조경학과, 화장품과학과, 해양공학과, 소방방재학과
- 자연계열 : 농학과, **축산학과**, **수산학과**, **산림학과**, **원예학과**, 임산공학과, **생명과학과**, **생물학과**, **수의학과**, **응용동물학과**, 자원학과, 환경공학과, 식품영양학과, 식품공학과
- 의약계열 : **의학과**, **치의학과**, 간호학과, 약학과, **한약학과**, 보건학과, 치위생학과, **임상병리학과**, 방사선학과, 물리치료학과, 작업치료학과, 의료공학과, 응급구조학과

| 생물 과목 속 학과 찾기, 직업 찾기 |

앞의 글을 읽은 후 관심과 흥미가 유발된 학과(전공)에 대해 조사해 보자.

1순위 학과(전공)	2순위 학과(전공)	3순위 학과(전공)	작성법
			전공필수 과목, 실기 및 실습 유무, 대학 재학 중에 취득해야 할 자격증 등을 조사해 보자.
평가 :	평가 :	평가 :	교과 내용과 적성 일치도(적성검사 비교 등), 학업의 난이도, 주변 사람들의 적합도, 전공 관련 교과 성적은 어떤지 평가해 보자.

앞의 글을 읽고 흥미가 유발된 직업에 대해 조사해 보자. 하는 일, 되는 방법, 직업 전망 등을 살펴본 뒤 자신의 직업 목표로 설정하는 것이 타당한지 평가해 보자.

하는 일	되는 방법	직업 전망
해당 직업인이 되었을 때 하는 일을 구체적으로 조사해 보자.	해당 직업인이 되기 위해 준비해야 할 것들을 해낼 자신이 있는지 스스로 평가해 보자.	인터넷 자료, 직업 관련 서적, 방송 및 신문기사, 주위 사람의 판단 등을 통해 직업 전망을 파악해 보자.
평가 : 적성, 흥미, 하는 일의 난이도, 작업 환경 등이 내가 희망해 온 직업과 맞는지 평가해 보자.	평가 : 전공과목과 관련된 교과목 성적, 수능 점수, 요구 학력, 자격증 등을 냉정하게 평가해 보자.	평가 : 이 직업의 발전 가능성, 취업 전망, 소득 수준 등을 평가해 보자. 가족 가운데 관련 종사자 유무 등을 조사해 보자.

평가 결과 분석
• 하는 일, 되는 방법, 직업 전망 가운데 3개 모두 맞거나 일치하면 '목표 직업'으로 설정
• 하는 일, 되는 방법, 직업 전망 가운데 2개가 맞거나 일치하면 '관심 직업'으로 설정
• 하는 일, 되는 방법, 직업 전망 가운데 1개 이하가 맞거나 일치하면 '다시' 설정

| 5 |
지구과학으로 진로 찾기
지구와 그 주위
전체에 대해 연구

　　지구과학과 관련된 유명한 가설 가운데 '가이아 가설'이 있다. '가이아(Gaia)'란 그리스 신화에 나오는 '땅의 여신'을 말한다. 이 가설은 영국의 대기과학자인 제임스 러브록이 쓴 《가이아: 지구상의 생명을 보는 새로운 관점》이란 책에서 처음 소개되었다.

　이 가설에서는 지구를 생물과 무생물이 서로 상호작용하고 생명활동을 하는 유기체로 본다. 예를 들어 대기, 해양, 지표면 등은 머리카락, 손톱, 깃털 등에 해당하며, 지표면의 물 흐름은 피와 같은 순환계로 설명될 수 있고, 지구 암석은 골격인 셈이다. 생명체와 같은 지구 활동의 결과로 대기 온도가 일정하게 유지되고, 해수 온도 및 대기층도 일정하게 유지되어 생명 활동이 가능해진다. 다시 말해 각종 무생물이 생물 활동을 돕는다. 결국 가이아 가설은 지구가 복잡한 물리적·화학적 작용을 통해 자체적으로 정화 능력과 복원 능력을 갖고 있으며, 살아 있는 생명체와 같이 진화를 한다는 것이다.

가이아 가설은 지구과학에 대해 문외한인 사람들에겐 다소 엉뚱하게 비춰질 수 있지만, 지구과학에 대한 지식이 어느 정도 쌓이면 설득력 있게 받아들여질 것이다. 실제 지구를 감싼 오존층은 자외선을 흡수하여 생물을 보호하고, 대기의 흐름과 해류는 기후를 변동시킨다. 지금도 지구 내부에서는 화산 활동이 진행 중이다. 또한 지구 자체가 거대한 자석이므로 나침반으로 방향을 알 수 있으며, 자석이 만든 거대한 자기장은 태양풍으로부터 지구를 보호한다. 태양풍은 전파를 교란하기도 하지만 때론 밤하늘에서 오로라라는 멋진 빛의 신비한 향연을 만들어 내기도 한다. 오로라는 그리스 신화에 나오는 새벽의 여신이다. 참고로 지구와 태양이 만든 신비한 빛의 현상에 오로라라는 이름을 처음 붙인 사람은 이탈리아 천문학자 갈릴레오 갈릴레이다.

태양계의 수성, 금성, 다음의 제 3행성인 지구는 46억 년의 나이를 가지고 있으며, 반지름이 6371킬로미터고, 평균기온은 14.4도며, 1초에 29.7km의 속도로 공전하면서 생명을 잉태·보전하고 있다. 이런 지구가 인간의 탐욕에 의해 오존층이 파괴되고, 해수면이 상승하며, 공룡이 멸종되었듯이 수많은 생물들이 멸종되어 가고 있다. 대략 1억 년 전 온난화에 의해 해수면이 300미터나 상승한 것처럼, 지구는 역사적 유래가 없을 정도로 빠른 해수면 상승을 보이고 있다.

2015년 1월 22일 '지구종말시계(Doomsday Clock)' 표시 시간이 '5분 전'에서 '3분 전'으로 앞당겨졌다. 지구종말시계는 1947년 미국의 핵무기 개발

계획에 참여했던 시카고 대학 과학자들이 인류에게 핵 위협을 경고하기 위해 고안한 시계다. 미국 핵과학자회(BAS) 과학자들은 인류의 파멸이 일어나는 때를 자정으로 설정해 비정기적으로 분침을 고쳐 발표하고 있는데, 1월 22일 기자회견을 통해 "2015년에는 통제되지 않은 기후 변화와 전 세계적인 핵무기 현대화, 대형 핵무기 축적 등이 이례적으로 인류에 큰 위협을 가할 것"이라고 말했다.

만약 지구과학을 좋아한다면, 지구종말시계를 12시에서 점점 멀어지게 하는 일을 하면 어떨까! 지구가 가이아 가설처럼 살아 있는지 어떤지는 모르지만, 적어도 면역력이 떨어진 상태임은 분명하다.

지구과학을 잘하면 유리한 직업

우리가 살아가는 지구에 대해 관심이 많고, 오로라 현상을 깊게 이해하고 싶고, 가이아 가설을 더욱 체계화할 수 있는 직업에는 어떠한 것들이 있을까? 자연계열 중에서는 천문학과 교수, 기상학과 교수, 지구과학과 교수가 관련성이 높다. 그리고 자연과학연구원 가운데 천문학연구원, 기상연구원, 지학연구원 등이 관련성이 높다.

그 밖에 지구과학과 관련 있는 직업으로 기상컨설턴트, 일기예보관, 일기관측자, 기상엔지니어, 기상레이더관측원, 환경공학기술자(특히 대기환경 분야), 지리정보시스템 전문가, 해양공학기술자, 과학전문 기자, 날씨정보제공자, 지질시험분석원, 탐사기술종사자, 지적 및 측량기술자 등이 있다.

지구과학과 관련 있는 학과

중·고등학교 때 배운 지구과학 과목은 대학에서 천문(우주)학과, 기상학과, 지구환경과학과, 대기과학과, 지적학과, 지질학과 등에서 심화된 내용을 배운다. 지구과학은 일반천문학, 천문관측법, 위성천문학, 천체물리학, 전파천문학, 천체역학, 우주비행학, 구면천문학, 천문계산법, 지구환경과학, 대기화학, 기후학, 대기역학, 기상통계학, 물리기상학, 일기예보법, 대기열역학, 응용기상학, 고생물학, 암석학, 광물학, 광상학, 지질학, 측량학, 지리정보시스템 등의 내용으로 심화된다.

각 계열별로 지구과학과 관련 있는 학과를 구체적으로 살펴보면 다음과 같다. 굵게 표시된 부분은 해당 계열의 교육과정 내에서 상대적으로 지구과학을 많이 활용하는 학과다.

- 교육계열 : 자연계 교육(지구과학)학과
- 자연계열 : 환경학과, **천문학과**, **지구과학과**, 지리학과

| 지구과학 과목 속 학과 찾기, 직업 찾기 |

앞의 글을 읽은 후 관심과 흥미가 유발된 학과(전공)에 대해 조사해 보자.

1순위 학과(전공)	2순위 학과(전공)	3순위 학과(전공)	작성법
			전공필수 과목, 실기 및 실습 유무, 대학 재학 중에 취득해야 할 자격증 등을 조사해 보자.
평가 :	평가 :	평가 :	교과 내용과 적성 일치도(적성검사 비교 등), 학업의 난이도, 주변 사람들의 적합도, 전공 관련 교과목 성적은 어떤지 평가해 보자.

앞의 글을 읽고 흥미가 유발된 직업에 대해 조사해 보자. 하는 일, 되는 방법, 직업 전망 등을 살펴본 뒤 자신의 직업 목표로 설정하는 것이 타당한지 평가해 보자.

하는 일	되는 방법	직업 전망
해당 직업인이 되었을 때 하는 일을 구체적으로 조사해 보자.	해당 직업인이 되기 위해 준비해야 할 것들을 해낼 자신이 있는지 스스로 평가해 보자.	인터넷 자료, 직업 관련 서적, 방송 및 신문기사, 주위 사람의 판단 등을 통해 직업 전망을 파악해 보자.
평가 : 적성, 흥미, 하는 일의 난이도, 작업 환경 등이 내가 희망해 온 직업과 맞는지 평가해 보자.	평가 : 전공과목과 관련된 교과목 성적, 수능 점수, 요구 학력, 자격증 등을 냉정하게 평가해 보자.	평가 : 이 직업의 발전 가능성, 취업 전망, 소득 수준 등을 평가해 보자. 가족 가운데 관련 종사자 유무 등을 조사해 보자.

평가 결과 분석
- 하는 일, 되는 방법, 직업 전망 가운데 3개 모두 맞거나 일치하면 '목표 직업'으로 설정
- 하는 일, 되는 방법, 직업 전망 가운데 2개가 맞거나 일치하면 '관심 직업'으로 설정
- 하는 일, 되는 방법, 직업 전망 가운데 1개 이하가 맞거나 일치하면 '다시' 설정

생물학

11%
6%
5%
5%
4%
69%

■ 문리 및 어학강사　　■ 중·고등학교 교사
■ 기술영업원　　　　　 제품 및 광고 영업원
■ 기획 및 마케팅사무원　 기타

지질학

10%
6%
5%
4%
5%
70%

■ 중·고등학교 교사　　　■ 기획 및 마케팅사무원
■ 제품 및 광고영업원　　■ 측량 및 지리정보 전문가
■ 총무사무원　　　　　　 기타

화학

9%
6%
6%
6%
5%
68%

■ 생산 및 품질관리사무원　■ 화학공학기술자 및 연구원
■ 상점판매원　　　　　　　 기획 및 마케팅사무원
■ 기술영업원　　　　　　　 기타

환경(공)학

15%
5%
5%
4%
3%
68%

■ 환경공학기술자 및 연구원　■ 기획 및 마케팅사무원
■ 국가·지방 및 공공행정사무원　■ 제품 및 광고 영업원
■ 총무사무원　　　　　　　　 기타

천문/대기과학

9%
8%
8%
8%
4%
63%

■ 국가·지방 및 공공행정사무원　■ 문리 및 어학강사
■ 자재관리사무원　　　　　　　 총무사무원
■ 기술영업원　　　　　　　　　 기타

의류(의상)학

15%
12%
5%
5%
5%
58%

■ 패션디자이너　　　　■ 학습지 및 방문교사
■ 상점판매원　　　　　 기획 및 마케팅사무원
■ 총무사무원　　　　　 기타

가정관리학

9%
8%
8%
7%
6%
62%

■ 상점판매원　　　　　■ 중·고등학교 교사
■ 경리사무원　　　　　▨ 문리 및 어학강사
■ 보육교사　　　　　　▨ 기타

식품영양
/식품공학

17%
6%
5%
4%
4%
64%

■ 영양사　　　　　　　▨ 총무사무원
■ 상점판매원　　　　　▨ 문리 및 어학강사
■ 제품 및 광고영업원　▨ 기타

식품조리학

16%
14%
9%
3%
3%
56%

■ 한식주방장 및 조리사　　■ 웨이터
■ 양식주방장 및 조리사　　▨ 중식주방장 및 조리사
■ 제빵원 및 제과원　　　　▨ 기타

해양수산학

7%
6%
6%
5%
4%
72%

■ 총무사무원　　　　　■ 상점판매원
■ 선장·항해사 및 도선사　▨ 자재관리사무원
■ 경찰관　　　　　　　▨ 기타

수의학

21%
2%
2%
2%
4%
70%

■ 수의사　　　　　　　▨ 자재관리사무원
■ 제품 및 광고영업원　　▨ 국가·지방 및 공공행정 사무원
■ 총무사무원　　　　　▨ 기타

농학

7%
7%
7%
5%
4%
70%

■ 상점판매원　　　　　▨ 농림어업 관련 시험원
■ 국가·지방 및 공공행정 사무원　　▨ 총무사무원
■ 곡식작물재배원　　　▨ 기타

산림/원예학

9%
8%
5%
4%
4%
70%

- 상점판매원
- 국가·지방 및 공공행정 사무원
- 총무사무원
- 제품 및 광고 영업원
- 자재관리사무원
- 기타

기계공학

19%
6%
5%
4%
3%
63%

- 기계공학 기술자 및 연구원
- 생산 및 품질관리사무원
- 기술영업원
- 제품 및 광고영업원
- 상점판매원
- 기타

컴퓨터공학

11%
4%
4%
3%
66%

- 응용소프트웨어 개발자
- 정보시스템운영자
- 시스템소프트웨어 개발자
- 총무사무원
- 기획 및 마케팅사무원
- 기타

재료공학

7%
5%
4%
4%
70%

- 생산 및 품질관리사무원
- 제품 및 광고영업원
- 기획 및 마케팅사무원
- 상점판매원
- 금속·재료공학 기술자 및 연구원
- 기타

화학공학

8%
7%
7%
5%
5%
68%

- 화학공학 기술자 및 연구원
- 생산 및 품질관리사무원
- 제품 및 광고영업원
- 기획 및 마케팅사무원
- 상점판매원
- 기타

산업공학

11%
7%
6%
5%
5%
66%

- 생산 및 품질관리사무원
- 기획 및 마케팅사무원
- 기술영업원
- 제품 및 광고영업원
- 총무사무원
- 기타

응용공학

- 기계공학 기술자 및 연구원
- 자재관리사무원
- 건축가 및 건축공학 기술자
- 생산 및 품질관리사무원
- 제품 및 광고 영업원
- 기타

의학

- 전문 의사
- 대학교수
- 일반 의사
- 총무사무원
- 치과의사
- 기타

치의학

- 치과의사
- 일반 의사
- 상점판매원
- 총무사무원
- 전문 의사
- 기타

한의학

- 한의사
- 국가·지방 및 공공행정사무원
- 문리 및 어학강사
- 총무사무원
- 약사 및 한약사
- 기타

약학

- 약사 및 한약사
- 기획 및 마케팅사무원
- 화학공학 기술자 및 연구원
- 생명과학연구원
- 문리 및 어학 강사
- 기타

간호학

- 간호사
- 총무사무원
- 보험심사원 및 사무원
- 기술 및 기능계 강사
- 상점판매원
- 기타

재활학

21%
7%
5%
3%
3%
61%

■ 물리 및 작업치료사　　■ 기술영업원
■ 문리 및 어학 강사　　　■ 상점판매원
■ 중·고등학교 교사　　　　기타

의료공학

13%
13%
13%
13%
9%
39%

■ 기술영업원　　　　　　　　■ 기타 전기·전자기기 설치 및 수리원
■ 상점판매원　　　　　　　　■ 생산 및 품질관리사무원
■ 국가·지방 및 공공행정 사무원　　기타

보건(관리)학

10%
8%
7%
7%
4%
64%

■ 총무사무원　　　　　　　　■ 소방공학 기술자 및 연구원
■ 국가·지방 및 공공행정 사무원　■ 간호사
■ 소방관　　　　　　　　　　기타

• 참고 : 한국고용정보원「산업별 직업별 고용구조조사」의 최종 3개년 자료(관측치 : 307,104명)

| 이과계열 학과별 진출 직업 현황-2년제 |

생물학

14%
14%
9%
4%
4%
55%

- ■ 상점판매원
- ■ 한식 주방장 및 조리사
- ■ 경리사무원
- ■ 웨이터
- ■ 자재관리사무원
- ■ 기타

환경(공)학

5%
5%
5%
4%
5%
77%

- ■ 상점판매원
- ■ 자재관리사무원
- ■ 생산 및 품질관리사무원
- ■ 제품 및 광고영업원
- ■ 화물차 및 특수차 운전원
- ■ 기타

의류(의상)학

17%
9%
5%
5%
5%
59%

- ■ 상점판매원
- ■ 패션디자이너
- ■ 총무사무원
- ■ 보험 설계사 및 간접투자증권 판매인
- ■ 자재관리사무원
- ■ 기타

가정관리학

12%
9%
8%
7%
5%
59%

- ■ 상점판매원
- ■ 경리사무원
- ■ 보육교사
- ■ 한식주방장 및 조리사
- ■ 웨이터
- ■ 기타

컴퓨터공학

6%
5%
5%
4%
4%
76%

- ■ 경리사무원
- ■ 상점판매원
- ■ 총무사무원
- ■ 정보시스템운영자
- ■ 응용소프트웨어 개발자
- ■ 기타

재료공학

12%
7%
6%
7%
3%
65%

- ■ 생산 및 품질관리사무원
- ■ 제품 및 광고영업원
- ■ 상점판매원
- ■ 자재관리사무원
- ■ 기술영업원
- ■ 기타

화학공학

7%
5%
4%
5%
5%
74%

- 생산 및 품질관리사무원
- 자재관리사무원
- 제품 및 광고영업원
- 상점판매원
- 화학공학시험원
- 기타

산업공학

6%
5%
5%
4%
4%
76%

- 산업안전 및 위험 관리원
- 상점판매원
- 자재관리사무원
- 경리사무원
- 생산 및 품질관리사무원
- 기타

응용공학

10%
7%
4%
4%
4%
71%

- 기계공학 기술자 및 연구원
- 자동차정비원
- 생산 및 품질관리사무원
- 공업기계 설치 및 정비원
- 항공기정비원
- 기타

간호학

14%
1%
1%
1%
2%
81%

- 간호사
- 간호조무사
- 상점판매원
- 보험설계사 및 간접투자증권 판매인
- 웨이터
- 기타

재활학

17%
1%
1%
2%
1%
78%

- 물리 및 작업치료사
- 총무사무원
- 곡식작물재배원
- 상점판매원
- 웨이터
- 기타

보건(관리)학

12%
10%
4%
4%
3%
67%

- 소방관
- 소방공학 기술자 및 연구원
- 상점판매원
- 화물차 및 특수차 운전원
- 자재관리사무원
- 기타

• 참고 : 한국고용정보원「산업별 직업별 고용구조조사」의 최종 3개년 자료(관측치 : 307,104명)

한눈에 보는
직업 전망과
학과(전공) 돋보기

1. 문과계열 전공학과별 취업자 고용 실태

이 자료는 한국고용정보원의 직업지도(Job Map)를 바탕으로 재구성한 것이다. 별표는 다른 학과 졸업자들과 비교하여 상대적으로 이 학과 졸업자들의 종사자수, 소득, 평균학력, 장기근속, 근로시간의 적고 많음을 5분위 비율로 표시한 것이다. ★★★★★ 1분위(100~80%, 최상위), ★★★★ 2분위(80~60%, 상위), ★★★ 3분위(60~40%, 중위), ★★ 4분위(40~20%, 하위), ★ 5분위(20% 이하, 최하위), 자료가 없는 경우에는 −로 표시했다.

예를 들어 소득에 별이 5개라면, 다른 학과 졸업자들과 비교할 때 상위 20%에 들어갈 정도로 돈을 많이 번다는 의미다.

- 종사자수 : 매우 적다, 적다, 보통, 많다, 매우 많다
- 소득 : 매우 적다, 적다, 보통, 많다, 매우 많다
- 평균학력 : 매우 낮다, 낮다, 보통, 높다, 매우 높다
- 장기근속 : 매우 적다, 적다, 보통, 많다, 매우 많다

대학 구분	전공 대분류 (합계)	전공 중분류	종사자수	소득	평균학력	장기근속
2~3년제 대학 졸	인문계열 (94,396)	언어학	−	−	−	−
		국어국문학	★★★★	★★★★	★★★	★★★
		일어일문학	★★★★★	★★★	★★★	★★
		중어중문학	★★★★	★★	★	★★
		영어영문학	★★★★★	★★★★	★★★	★★★
		독어독문학	−	−	−	−
		노어노문학	★★	★★★★	★★★	★★★
		서어서문학	−	★		−
		불어불문학	★★	★★★	★★★	★★★★★
		기타 외국어	★	★	★★★	★★
		교양어문학	★★★	★★★★	★★★	★★
		문헌정보학	★★★	★★	★★★	★★

226

2~3년제 대학 졸	인문계열 (94,396)	심리학	★★	★★★★★	★★★★★	★★
		역사학	★★	★★	★★★	★★★
		종교학	★★★	★★★★	★★★★★	★★★★
		철학	★	★★★★★	★★★	★★★★
		윤리학	–	–	–	–
	사회계열 (557,166)	경영학	★★★★★	★★★★	★★★	★★★
		경제학	★★★★★	★★★★	★★★	★★★★
		기타 상경계열	★★★	★★★★★	★★★	★★★★
		법학	★★★	★★★★★	★★★★★	★★★
		사회복지학	★★★★★	★★	★★★	★★
		사회학	★★★	★★	★★★	★★★★
		언론정보학	★★★	★★★	★★★	★★
		정치학	★★	★★★★★	★★★	★★★★★
		행정학	★★★★★	★★★★	★★★	★★★
		관광학	★★★★★	★★★	★★★	★★
		지리학	★★★	★★★★	★★★	★
	교육계열 (189,933)	교육학	★★★★★	★★	★★★★★	★★★
		초등교육학	★★★★	★★★★★	★★★	★★★★★
		중등교육학	★★	★★★	★★★	★★★
		특수교육학	★	★★★★★	★★★	★★★★★
		기타 사범계열	★★	★	★★★	★★★★★
	예체능계열 및 기타 (311,878)	산업디자인	★★★★★	★★★	★★★	★★
		패션디자인	★★★★	★★	★★★	★
		실내디자인	★★★★	★★★★	★★★	★
		회화	★★★★	★★★★	★★★	★★★★
		조소	★	–	★★★	–
		공예	★★★	★★★	★★★	★★★★
		사진학	★★★★	★★★★	★★★	★★★
		만화애니메이션	★★★★	★★	★★★	★

2~3년제 대학 졸	예체능계열 및 기타 (311,878)	기악	★★★	★★	★★★	★★★
		성악	★	★★★★	★★★★★	★★★★
		작곡	–	–	–	–
		국악	★★	★	★★★	–
		실용음악	★★★★	★★	★★★	★★
		무용	★★	★★	★★★	★★★
		체육학	★★★★★	★★★★	★★★	★★
		경호학	★★★	★★	★	★
		연극/영화	★★★★	★★★	★★★	★
		미용	★★★★★	★★	★	★
		기타	★★	★★★★	★★★	★
4년제 대졸 이상	인문계열 (877,003)	언어학	★	★★★★★	★★★★★	★★★
		국어국문학	★★★★	★★★	★★★	★★★
		일어일문학	★★★	★★★	★★	★★
		중어중문학	★★★	★★★	★★	★★
		영어영문학	★★★★★	★★★★	★★★	★★★
		독어독문학	★★★	★★★	★★	★★★
		노어노문학	★	★★★	★★	★
		서어서문학	★	★★★★	★★	★★
		불어불문학	★★★	★★★	★★	★★★
		기타 외국어	★	★★★★★	★★★	★★★
		교양어문학	★★	★★	★	★★
		문헌정보학	★★★	★★	★★	★★
		심리학	★★★	★★★★	★★★★★	★★★
		역사학	★★★	★★★	★★★★	★★★
		종교학	★★★★	★	★★★★★	★★★★★
		철학	★★★	★★★★	★★★★	★★★★
		윤리학	★	★★★★★	★★★★	★★★★★
		경영학	★★★★★	★★★★★	★★	★★★★

4년제 대졸 이상	사회계열 (1,906,929)	경제학	★★★★★	★★★★★	★★	★★★★
		기타 상경계열	★★	★★★★	★★	★★★★★
		법학	★★★★	★★★★★	★★	★★★★
		사회복지학	★★★★	★	★★★	★★
		사회학	★★★	★★★★	★★★	★★★★
		언론정보학	★★★	★★★★	★★★	★★
		정치학	★★★	★★★★	★★★	★★★★
		행정학	★★★★★	★★★★	★★	★★★★
		관광학	★★★	★★	★★	★
		지리학	★★	★★★★	★★★★	★★★
		교육학	★★★★★	★★★	★★★	★★★★
	교육계열 (526,572)	초등교육학	★★★	★★★★	★★★	★★★★
		중등교육학	★★★★	★★★★	★★★★	★★★
		특수교육학	★★	★★★	★★★	★★
		기타 사범계열	★★	★★★	★★	★★★★★
	예체능계열 및 기타 (579,413)	산업디자인	★★★★	★★	★★	★
		패션디자인	★★	★★	★★	★
		실내디자인	★★	★★	★★★	★
		회화	★★★★	★★★	★★★	★★★
		조소	★	★★	★★	★★★★★
		공예	★★	★★	★★★	★★
		사진학	★★	★★★	★★★	★★★
		만화애니메이션	★	★	★★	★
		기악	★★★	★	★★★	★★★
		성악	★★	★	★★★★	★★
		작곡	★	★	★★★	★★
		국악	★	★	★★★★	★★
		실용음악	★★★	★★	★★★★	★★★
		무용	★★	★	★★★	★

	체육학	★★★★	★★★	★★	★★★
	경호학	★	★	★★★★★	★
	연극/영화	★★★	★★★	★★	★★
	미용	★★	★★	★★	★
	기타	―	―	―	―

2. 이과계열 전공학과별 취업자 고용 실태

이 자료는 한국고용정보원의 직업지도(Job Map)를 바탕으로 재구성한 것이다. 별표는 다른 학과 졸업자들과 비교하여 상대적으로 이 학과 졸업자들의 종사자수, 소득, 평균학력, 장기근속, 근로시간의 적고 많음을 5분위 비율로 표시한 것이다. ★★★★★ 1분위(100~80%, 최상위), ★★★★ 2분위(80~60%, 상위), ★★★ 3분위(60~40%, 중위), ★★ 4분위(40~20%, 하위), ★ 5분위(20% 이하, 최하위), 자료가 없는 경우에는 −로 표시했다.

예를 들어 소득에 별이 5개라면, 다른 학과 졸업자들과 비교할 때 상위 20%에 들어갈 정도로 돈을 많이 번다는 의미다.

- 종사자수 : 매우 적다, 적다, 보통, 많다, 매우 많다
- 소득 : 매우 적다, 적다, 보통, 많다, 매우 많다
- 평균학력 : 매우 낮다, 낮다, 보통, 높다, 매우 높다
- 장기근속 : 매우 적다, 적다, 보통, 많다, 매우 많다

대학 구분	전공 대분류 (합계)	전공 중분류	종사자수	소득	평균학력	장기근속
2~3년제 대학 졸	자연계열 (210,840)	물리학	−	−	−	−
		생물학	★★	★★	★★★	★
		수학 통계학	★★	★★★★★	★★★★	★★
		지질학	★	★★★★	★★★	★★★★
		화학	★	★★★★	★★★	★★★★
		환경(공)학	★★★★	★	★★★	★★
		천문/대기과학	−	−	−	−
		의류(의상)학	★★	★	★★★	★★
		가정관리학	★★★	★	★★★	★★★
		식품영양/ 식품공학	★★★★★	★	★★★	★★

2~3년제 대학 졸	자연계열 (210,840)	식품조리	★★★★	★	★★★	★
		해양수산학	★★	★★★★★	★★★	★★★★★
		수의학	★	★★★★★	★★★★★	★★★★
		축산학	★★	★★★	★★★	★★★★
		농학	★★	★★★★	★★★★	★★★★★
		산림/원예학	★★	★★★★	★★★★	★★★★
		기타 자연과학계열	★	★★★★★	★★★	★★★★★
	공학계열 (1,032,892)	건축토목공학	★★★★★	★★★★	★★★	★★★★
		기계공학	★★★★★	★★★★	★★★	★★★★
		전기/전자공학	★★★★★	★★★★	★★★	★★★
		컴퓨터공학	★★★★★	★★	★★★	★★
		재료공학	★★★★	★★★★★	★★★	★★★★
		화학공학	★★★★	★★★★★	★★★	★★★
		산업공학	★★★★	★★	★★★	★★
		응용공학	★★	★★★	★★★	★★★
		기타 공학관련학과	★★	★★★	★★★	★★★
	의약계열 (225,513)	의학	★★	★★★	★★★	★★★
		치의학	–	–	–	–
		한의학	★	–	★★★	★★★★★
		약학	★	★★	★★★★	★★★★★
		간호학	★★★★★	★★	★★★★★	★★
		재활학	★★★	★★	★★★★★	★★
		의료공학	–	–	–	–
		안경광학	★★★	★★★	★★★★	★★
		치기공학	★★	★★★	★★★★★	★★★
		방사선학	★★	★★★	★★★★	★★★
		임상병리학	★★★	★★★	★★★★★	★★★
		보건(관리)학	★★★	★★	★★★	★★
		치위생학	★★★★	★	★★★★★	★

4년제 대졸이상		응급구조	★★	★★★	★★★★	★
	자연계열 (651,269)	물리학	★★★	★★★	★★★★★	★★★★
		생물학	★★★★	★★	★★★★★	★★
		수학 통계학	★★★★★	★★★	★★★	★★★
		지질학	★★★	★★★★	★★★	★★★★
		화학	★	★★★	★★★★	★★★
		환경(공)학	★★★★	★★	★★★	★★
		· 천문/대기과학	★	★★★	★★★★	★
		의류(의상)학	★★★	★	★★★	★★
		가정관리학	★★★★	★	★★	★★★
		식품영양 식품공학	★★★★	★	★★	★★
		식품조리	★★	★	★	★
		해양수산학	★★★	★★★	★★★	★★★
		수의학	★★	★★★★	★★★★	★★★★★
		축산학	★★★	★★★★	★★	★★★★★
		농학	★★★★	★★★★	★★★	★★★★★
		산림/원예학	★★★	★★	★★★★	★★★★
		기타 자연과학계열	★★	★★	★★★★★	★★★
	공학계열 (1,992,889)	건축토목공학	★★★★★	★★★★	★★★	★★★★
		기계공학	★★★★★	★★★★	★★	★★★★★
		전기/전자공학	★★★★★	★★★★	★★★	★★★
		컴퓨터공학	★★★★★	★★★	★★	★★
		재료공학	★★★★	★★★★	★★★★★	★★★★
		화학공학	★★★★★	★★★★	★★★★	★★★★
		산업공학	★★★★	★★★	★★★★	★★★
		응용공학	★★	★★★	★★★	★★
		기타 공학관련학과	★★★	★★★★	★★★★	★★★★★

		★★★★	★★★★★	★★★★★	★★★★
	의학	★★★★	★★★★★	★★★★★	★★★★
	치의학	★★	★★★★★	★★★★★	★★★★★
	한의학	★★	★★★★★	★★★★★	★★★★★
	약학	★★★★	★★★★	★★★★	★★★★★
	간호학	★★★★	★★	★★★	★★★
	재활학	★★★★	★★★	★★★★★	★★★
의학계열	의료공학	★	★★	★★★★★	★
(299,236)	안경광학	★	★★★	★	★★
	치기공학	★	★★	★★	★★★
	방사선학	★	★★★	★	★★
	임상병리학	★	★★	★★	★★★★
	보건(관리)학	★★	★★★	★★★★★	★★★
	치위생학	★	★	★★★	★
	응급구조	★	★	★★	★

3. 문과계열 직업 전망

이 자료는 한국직업능력개발원의 한국의 직업지표 관련 조사내용과 한국고용정보원이 발표한 직업지도(Job Map)를 가공하여 작성한 것이다. 각 기호의 의미는 ★ 매우 낮음, ★★ 낮음, ★★★ 보통, ★★★★ 높음, ★★★★★ 매우 높음이다. 자료가 없는 경우에는 −로 표시했다.

| 관리직 |

직업명	전문가평점		10년 후 직업 전망		직업지도		
	현재	미래	임금	자기개발 가능성	전체 평균소득 대비 소득	평균 학력	여성 비율
의회의원 · 고위공무원 및 공공단체 임원	★	★	★★★	★	★★★★★	★★★★★	★
기업 고위임원	★★★★	★★★	★★★	★★★	★★★★★	★★★★★	−
경영지원 관리자	★★★★★	★★★	★★★	★★★	★★★★★	★★★★★	★
정부행정 관리자	★★★★★	★★★★	★★★★	★★★★	★★★★★	★★★	★
교육관리자	★★★★	★★	★★	★★★★	★★★★★	★★★★★	★★
보건의료 관련 관리자	★★★★	★★★★★	★★★★	★★★★	★★★★★	★★★★★	★★★★★
문화 · 예술 디자인 및 영상 관련 관리자	★★★★★	★★★★★	★★★★★	★★★★★	★★★★★	★★★★★	−
제품 생산 관련 관리자	★★	★★★★	★★★★	★★★	★★★★★	★★★	★
정보통신 관련 관리자	★★★★★	★★★★	★★★★	★★★	★★★★★	★★★★	★
영업 및 판매 관련 관리자	★★★★	★★★★★	★★★★★	★★★★	★★★★★	★★★★	★

직업명	현재	미래	임금	자기개발 가능성	전체 평균소득 대비 소득	평균 학력	여성 비율
음식서비스 관련 관리자	★	★★★★	★★★★	★★★★	★★★★★	★★	★★
환경·청소 및 경비 관련 관리자	★★★	★★★★	★★★★	★★	★★★★★	★★★	★

| 경영·회계·사무 관련직 |

직업명	전문가 평점		10년 후 직업 전망		직업지도		
	현재	미래	임금	자기개발 가능성	전체 평균소득 대비 소득	평균 학력	여성 비율
인사 및 노사 관련 전문가	★★★★★	★★★★★	★★★★★	★★★★★	★★★★★	★★★★	★
경영지도 및 진단전문가	★★★★★	★★★★★	★★★★★	★★★★★	★★★★★	★★★★★	★
정부 및 공공 행정전문가	★★★★★	★★★★	★★★	★★★★	★★★★★	★★★★	★
회계사	★★★★★	★★	★	★★★	★★★★★	★★★★★	★
세무사	★★	★	★	★	★★★★★	★★★★	★
관세사	★★★★	★★★	★	★★	★★★★★	★★★★	★
감정평가 전문가	★★★★	★	★	★	★★★★★	★★★★	★★
광고 및 홍보전문가	★★★★	★★★★★	★★★★★	★★★★	★★★★★	★★★★★	★★
상품기획 전문가	★★★★	★★★★★	★★★★★	★★★★★	★★★★	★★★★	★★★
조사전문가	★★★★★	★★★★	★★★★	★★★	★★★★	★★★★★	★★★
행사이벤트 및 전시기획자 및 전문가	★★★	★★★★	★★★★	★★★★	★★★★	★★★★	★★★
기획 및 마케팅 사무원	★★★★★	★★★★★	★★★★★	★★★★★	★★★★	★★★★	★★
총무사무원	★★★★	★★★★	★★★	★★★	★★★★	★★★	★★

직업명	현재	미래	임금	자기개발가능성	전체평균소득대비소득	평균학력	여성비율
생산 및 품질 관리사무원	★★★★	★★★★★	★★★★★	★★★★	★★★★	★★★	★
무역사무원	★★★★★	★★★	★★★	★★★★	★★★★	★★★★	★★★
경리사무원	★★★	★★	★★	★★	★	★★	
설문 및 통계조사원	★	★	★	★	★	★★	★★★★
비서	★★★★	★★★★	★★★★	★★★★	★★★	★★★	★★★★

| 금융·보험 관련직 |

직업명	전문가 평점		10년 후 직업 전망		직업지도		
	현재	미래	임금	자기개발 가능성	전체 평균소득 대비 소득	평균 학력	여성 비율
투자 및 신용분석가	★★★★★	★★★★★	★★★★★	★★★★★	★★★★★	★★★★★	★
자산운용가	★★★★★	★★★★	★★★★★	★★★★★	★★★★★	★★★★★	★★
보험 및 금융 상품개발자	★★★★★	★★★★★	★★★★★	★★★★★	★★★★★	★★★★★	★
증권 및 외환 딜러	★★★★	★★★	★★★★★	★★★★★	★★★★★	★★★★★	★★
손해사정인	★★★★★	★★★★	★★★	★★★★★	★★★★	★★★★	★
금융 관련 사무원	★★★★	★★★	★★★	★★★	★★★★★	★★★★	★★
보험심사원 및 보험사무원	★★★★★	★★★★	★★★★	★★★★	★★★★	★★★★	★★★
신용추심원	★	★	★★	★	★★★★	★★★	★★
보험영업원	★★★	★★★	★★★	★★★★	★★★	★★	★★★★

직업명	전문가 평점		10년 후 직업 전망		직업지도		
	현재	미래	임금	자기개발 가능성	전체 평균소득 대비 소득	평균 학력	여성 비율
대학교수	★★★★★	★★★★	★★	★★★★★	★★★★★	★★★★★	★★
장학관·연구관 및 교재개발원	★★★★★	★★★★	★	★★★★	★★★★	★★★★★	★★★
자연과학연구원	★★★★★	★★★★★	★★★★★	★★★★	★★★★★	★★★★★	★★
생명과학연구원 및 농림어업연구원	★★★★	★★★★	★★★★	★★★★★	★★★★	★★★★★	★★★
인문과학연구원	★★★	★★★★	★★★★	★★★★★	★★★★	★★★★★	★★
사회과학연구원	★★★★	★★★	★	★★★★	★★★★★	★★★★★	★★
자연과학시험원	★★★★	★★★★	★★★★	★★★	★★★★★	★★★★★	★★
생명과학시험원	★★	★★★★★	★★★★★	★★★★	★★★	★★★★	★★★★
농림어업시험원	★★★	★★★★	★★★★	★★★	★★★	★★★★	★★
중·고등학교교사	★★★★★	★★	★★	★★★★★	★★★★	★★★★★	★★★
초등학교교사	★★★★★	★★★	★★	★★★★	★★★★	★★★★★	★★★★
특수교육교사	★★★★★	★★★★★	★★★	★★★★★	★★★	★★★★★	★★★★★
보조교사 및 기타 교사	★★	★★	★★	★★	★	★★★	★★★★★
유치원교사	★★★★	★★★★★	★★★★★	★★★★	★	★★★★	★★★★★
문리 및 어학 강사	★	★	★	★	★★	★★★★	★★★★
컴퓨터강사	★★	★★	★	★★★★	★	★★★★	★★★★
예능강사	★★★★★	★★★★★	★★★	★★★★	★	★★★★	★★★★★
학습지 및 방문교사	★★★	★★★	★★	★★	★	★★★★	★★★★★

직업명	전문가 평점		10년 후 직업 전망		직업지도		
	현재	미래	임금	자기개발 가능성	전체 평균소득 대비 소득	평균 학력	여성 비율
판사 및 검사	★★★★★	★★★★★	★★★★	★★★★	★★★★★	★★★★★	★★
변호사	★★★★	★	★	★	★★★★★	★★★★★	★
법무사 및 집행관	★★	★	★	★	★★★★★	★★★★	★
변리사	★★★★★	★★★★	★★★★★	★★★★	★★★★★	★★★★★	★
법률 관련 사무원	★★★★	★★	★	★★	★★★★	★★★	★★
경찰관	★★★	★★★★★	★★★★★	★★	★★★★	★★★	★
소방관	★★★★★	★★★★★	★★★	★★★★★	★★★★	★★★	★
소년보호관 및 교도관	★★★★★	★★★★★	★★★★★	★★★★	★★★★	★★★★	★

| 사회복지 및 종교 관련 |

직업명	전문가 평점		10년 후 직업 전망		직업지도		
	현재	미래	임금	자기개발 가능성	전체 평균소득 대비 소득	평균 학력	여성 비율
사회복지사	★★★★★	★★★★★	★★★★★	★★★★★	★	★★★★	★★★★
청소년지도사 및 기타 상담전문가	★★★★	★★★★★	★★★★★	★★★★★	★	★★★★★	★★★★
직업상담사 및 취업알선원	★	★	★	★	★★	★★★	★★
시민단체활동가	★★★★	★★★★	★★	★★★★★	★	★★★★	★★★★
보육교사	★★★	★★★★	★★★★	★★	★	★★★	★★★★★
육아도우미	★	★★★★	★★★	★★★	★	★	★★★★★
성직자	★★★★	★★★★	★★	★★★★★	★	★★★★★	★
기타 종교 관련 종사자	★★★★★	★★★★	★★★★	★★★★★	★	★★★★★	★★★

4. 예·체능계열 직업 전망

이 자료는 한국직업능력개발원의 한국의 직업지표 관련 조사내용과 한국고용정보원이 발표한 직업지도(Job Map)를 가공하여 작성한 것이다. 각 기호의 의미는 ★ 매우 낮음, ★★ 낮음, ★★★ 보통, ★★★★ 높음, ★★★★★ 매우 높음이다. 자료가 없는 경우에는 −로 표시했다.

| 경비 및 청소 관련직 |

직업명	전문가 평점		10년 후 직업전망		직업지도		
	현재	미래	임금	자기개발 가능성	전체 평균소득 대비 소득	평균 학력	여성 비율
경호원	★★	★★★★★	★★★★★	★★★	★★	★★	★★★
청원경찰	★★	★★★	★★★★	★★	★★	★★	★
무인경비원	★★★	★★★★★	★★★★★	★★★	★★	★★★	−
배관 세정원 및 방역원	★★	★★★★	★★★	★★★	★	★	★★
가스·수도· 전기 계기 검 침원 및 안전 점검원	★	★	★★	★	★	★★	★★★

| 문화·예술·디자인·방송 관련직 |

직업명	전문가 평점		10년 후 직업 전망		직업지도		
	현재	미래	임금	자기개발 가능성	전체 평균소득 대비 소득	평균 학력	여성 비율
작가 및 관련 전문가	★★	★★★	★★★	★★★★	★★★★	★★★★★	★★★★
번역가	★★	★★★	★	★★★★	★	★★★★★	★★★★

통역가	★★	★★★	★★★	★★★	★★★	★★★★	★★★★
출판물기획전문가	★★★	★	★	★★	★★★	★★★★★	★★★
큐레이터 및 문화재 보존원	★★★★★	★★★★★	★★★★★	★★★★★	★★	★★★★	★★
사서 및 기록물 관리사	★★★★	★★★★	★★★★	★★★★★	★★	★★★★	★★★★★
기자 및 논설위원	★★★	★	★	★★	★★★★	★★★★	★★
화가 및 조각가	★	★★★★	★★★★	★★★★★	★★	★★★★	★★
사진작가 및 사진사	★	★	★	★	★★	★★★	★
애니메이터 및 만화가	★★	★★★★★	★★★★	★★★★★	★	★★★	★★
국악 및 전통 예능인	★	★	★	★★★	★★★	★★★★	★
지휘자·작곡가 및 연주가	★★	★★★	★★	★★★	★★★	★★★★	★★
가수 및 성악가	★★	★★	★★	★★★	★★★	★★★★★	★★★★
무용가 및 안무가	★★★	★★★	★★	★★★★	★	★★★	★★★★
제품디자이너	★★★	★★★★	★★★★	★★★★★	★★★	★★★★	★★
패션디자이너	★★★	★★★	★★★	★★	★★★	★★★★	★★★★
디스플레이어 디자이너	★★★★	★★★★★	★★★★★★	★★★★★	★★★	★★★★	★★★
시각디자이너	★★★★	★★★★	★★★	★★★★★	★★	★★★★	★★★
웹 및 멀티미디어 디자이너	★★★	★★★★	★★★	★★★★★	★★	★★★	★★★
캐드원	★★★	★★★	★★★	★★★	★★	★★★	★★★
감독 및 기술감독	★★★	★★	★★	★★★★	★★★★★	★★★★	★
배우 및 모델	★★	★★★	★★★	★★★★	★	★★★	★★
아나운서 및 리포터	★★★★★	★★★	★★	★★★★★	★★★★	★★★	★★★
촬영기사	★★	★	★	★★	★★★	★★★★	★
음향 및 녹음기사	★★★	★★★★	★★★	★★★★★	★★	★★★	★

직업명	현재	미래	임금	자기개발 가능성	전체 평균소득 대비 소득	평균 학력	여성 비율
영상녹화 및 편집기사	★★	★★★	★★★	★★	★★★	★★★★	★★
조명기사 및 영사기사	★	★★	★★	★★★	★★★	★★★	–
연예인 및 스포츠 매니저	★★	★★★★★	★★★★★	★★★★	★★★	★★★	★
마술사	★★★★	★★★★	★★★★	★★★★★	★★★	★★★	★

| 미용·숙박·여행·오락·스포츠 관련직 |

직업명	전문가 평점		10년 후 직업 전망		직업지도		
	현재	미래	임금	자기개발 가능성	전체 평균소득 대비 소득	평균 학력	여성 비율
피부미용 및 체형관리사	★★★★	★★★★★	★★★★★	★★★★★	★	★★	★★★★★
메이크업아티스트 및 분장사	★★★★★	★★★★★	★★★★★	★★★★★	★	★★	★★★★★
애완동물 미용사	★★★★	★★★★★	★★★★★	★★★★★	★	★★★	★★★★★
결혼상담원 및 웨딩플래너	★★★★★	★★★★★	★★★	★★	★	★★	★★★★
장례상담원 및 장례지도사	★★	★★	★★	★★	★★	★★	★
여행상품개발자	★★★★	★★★	★★	★★★	★★★	★★★★	★★★
여행사무원	★★★	★★★	★★	★★★	★★	★★★	★★★★
여행 및 관광통역안내원	★★	★★★★	★★★★	★★	★	★★★	★★★★
항공기 객실승무원	★★★★★	★★★★	★★★★	★★★★	★★★★	★★★★	★★★★★
선박 및 열차 객실승무원	★★★★	★★★	★★★	★★★	★★★★	★★★	★★
경기감독 및 코치	★	★★★	★★★	★★★★	★★	★★★	★
직업운동선수	★	★★	★★★	★★★	★★★★	★★★	★

직업명							
경기심판 및 경기기록원	★	★★	★★★	★★	★★	★★★	★
스포츠 및 레크리에이션강사	★★	★★★★	★★★	★★★	★★	★★★	★★
프로게이머	★	★★★★★	★★★★★	★★★★★	★	★★	−

| 음식 서비스 관련직 |

직업명	전문가 평점		10년 후 직업 전망		직업지도		
	현재	미래	임금	자기개발 가능성	전체 평균소득 대비 소득	평균 학력	여성 비율
한식조리사 (주방장 포함)	★★★★	★★★★★	★★★★★	★★★★★	★	★	★★★★★
중식조리사 (주방장 포함)	★★	★★★★★	★★★★★	★★★★	★★★	★	★★
양식조리사 (주방장 포함)	★★★★	★★★★★	★★★★★	★★★★★	★★	★★	★★★
일식조리사 (주방장 포함)	★★★★	★★★★★	★★★★★	★★★★★	★★★	★	★★
바텐더	★★★★★	★★★★★	★★★★★	★★★★★	★	★★	★★★★
패스트푸드원	★★★	★★	★★	★	★	★★	★★★
웨이터 및 접객원	★	★★★	★★★★	★★★	★	★	★★★★

5. 이과계열 직업 전망

이 자료는 한국직업능력개발원의 한국의 직업지표 관련 조사 내용과 한국고용정보원이 발표한 직업지도(Job Map)를 가공하여 작성한 것이다. 각 기호의 의미는 ★ 매우 낮음, ★★ 낮음, ★★★ 보통, ★★★★ 높음, ★★★★★ 매우 높음이다. 자료가 없는 경우에는 −로 표시했다.

| 보건 · 의료 관리직 |

직업명	전문가 평점		10년 후 직업 전망		직업지도		
	현재	미래	임금	자기개발 가능성	전체 평균소득 대비 소득	평균 학력	여성 비율
전문의사	★★★★★	★★	★	★★★★	★★★★★	★★★★★	★
일반의사	★★★★★	★	★	★★	★★★★★	★★★★★	★
한의사	★★★★	★★	★	★★★	★★★★★	★★★★★	★
치과의사	★★★★	★★	★	★★	★★★★★	★★★★★	★★
수의사	★★★★	★★★★★	★★★★★	★★★★★	★★★★	★★★★★	★
약사 및 한약사	★★★	★★	★	★	★★★★★	★★★★★	★★★★
간호사	★★★★★	★★★★★	★★★★★	★★★★★	★★★	★★★★	★★★★★
치과위생사	★★★★	★★★★	★★★★	★★★	★	★★★	★★★★★
물리·작업 치료사	★★★★	★★★	★	★★★★	★★	★★★★	★★★
임상심리사, 기타 치료사	★★★★	★★★★★	★★★★★	★★★★★	★★	★★★★★	★★★★★
임상병리사	★★★★	★★★	★★	★★★★★	★★★★	★★★★	★★★★
방사선사	★★★★	★★★★	★★★★	★★★★★	★★★★	★★★★	★★
치과기공사	★★	★★	★	★★★★★	★★★	★★★	★★
안경사	★	★★	★★	★	★★★	★★★	★★
안마사	★	★	★	★★★	★★	★★★	★★★
위생사	★★★	★★★	★★	★★★	★★	★★★	★★★
영양사	★★★★	★★★★	★★★★★	★★★★	★★	★★★★	★★★★★

	★★★	★★★	★★★	★★★★	★★	★★★	★★★
의무기록사	★★★	★★★	★★★	★★★★	★★	★★★	★★★
응급구조사	★★★	★★★★	★★★★	★★★★	★★★★	★★★	★★
간호조무사	★★★	★★★	★★★	★★★	★	★★	★★★★★
간병인	★★	★★★★	★★★★★	★★★	★	★	★★★★★

| 건설 관련직 |

직업명	전문가 평점		10년 후 직업 전망		직업지도		
	현재	미래	임금	자기개발 가능성	전체 평균소득 대비 소득	평균 학력	여성 비율
건축가 및 건축공학기술자	★★	★★★	★★★	★★★	★★★★	★★★★	★
토목공학기술자	★★★★	★★★	★★	★★★	★★★★	★★★★	★
조경기술자	★★★	★★★★	★★★★	★★★	★★★★	★★★★★	★★
도시 및 교통설계 전문가	★★★★	★★★	★★★★	★★★★	★★★★★	★★★★★	★
측량 및 지리정보 기술자	★★	★★★	★★★	★★★	★★★	★★★	–
강구조물 조립원 및 건립원	★	★★★★	★★	★★	★★	★	–
경량철골공	★	★★	★★	★	★	★	–
철근공	★	★★	★★★	★	★★	★	★
콘크리트공	★	★★	★★★	★★	★	★	★
건축석공	★	★★★	★★★	★★★	★★	★	–
건축목공	★	★★	★★★	★★	★★	★	★
도배공 및 유리부착원	★	★	★★★	★	★★	★	★
건축도장공	★	★	★★★	★	★★	★	★
건설배관공	★	★★★	★★★★	★★	★★	★	★
공업배관공	★★	★★★★	★★★★	★★	★★★	★★	★

직업명	현재	미래	임금	자기개발 가능성	전체 평균소득 대비 소득	평균 학력	여성 비율
건설 및 채굴 기계 운전원	★	★★	★★	★★	★★★★	★	–
광원·채석원 및 석재 절단원	★	★★	★★★★	★	★★★★	★	–
철로 설치 및 보수원	★★	★★★	★★★	★★★	★★★★	★★	–

| 재료 관련직 |

직업명	전문가 평점		10년 후 직업 전망		직업지도		
	현재	미래	임금	자기개발 가능성	전체 평균소득 대비 소득	평균 학력	여성 비율
금속·재료공학 기술자 및 연구원	★★★★★	★★★★★	★★★★★	★★★★★	★★★★★	★★★★★	–
금속 및 재료공학시험원	★★★★★	★★★★★	★★★★★	★★★★★	★★★	★★★	★
판금원	★★★	★★	★★★	★	★★★	★★	–
제관원	★★★★	★★	★★★	★★	★★★	★★	–
섀시제작 및 시공원	★	★	★	★	★★	★	★
단조원	★★★★	★★★★	★★★★	★★★	★	★	★
주조원	★★★	★★★★	★★★	★★★	★★★	★	★
용접원	★★★★	★★	★★★	★★	★★★	★	★
도금기 및 금속분무기 조작원	★★★	★★★	★★★	★★	★★★	★	★
용광로·용해로 및 금속가열로조작원	★★★	★★★★	★★★★★	★★★★			
금속가공기계조작원	★★★★	★★★★	★★★★	★★★★	★★★★	★★	★
유리 및 유리제품 생산직(기계조작)	★★★	★★★	★★★	★★★	★★	★★	★★
점토제품생산직 (기계조작)	★	★	★	★★★	★★	★	★★★
시멘트·석회 및 콘크리트 생산직	★★	★	★	★	★★★	★	★
광석·석제품생산직 (기계조작)	★★	★★	★★★	★★★	★★	★	★

| 기계 관련직 |

직업명	전문가 평점		10년 후 직업 전망		직업지도		
	현재	미래	임금	자기개발 가능성	전체 평균소득 대비 소득	평균 학력	여성 비율
기계공학기술자 및 연구원	★★★★	★★★★	★★★★★	★★★★	★★★★★	★★★★	★
공업기계 설치 및 정비원	★★★★	★★	★★★	★★★	★★★★	★★	★
승강기설치 및 정비원	★★★	★★★	★★★	★★★	★★★	★★	★
물품이동장비 설치 및 정비원	★★	★★★	★★★★	★★	★★★★	★	–
냉동·냉장·공조기 설치 및 정비원	★★★	★★★★	★★★★	★★★★	★★★	★★	–
보일러설치 및 정비원	★★	★★	★	★★	★★	★	★
건설·광업용 기계설치 및 정비원	★★	★★★	★★★★	★★★	★★★	★	–
항공기 정비원	★★★★	★★★★	★★★	★★★★	★★★★★	★★★	–
선박정비원	★★★	★★★	★★★	★★	★★★	★★	–
철도기관차·전동차 정비원	★★★★★	★★★★★	★★★★★	★★★	★★★★★	★★★	–
자동차정비원	★★	★★	★★★	★★	★★★	★★	★
금형원	★★★★	★★★	★★★	★★	★★★	★★	★
금속공작기계기능직	★★★	★★★	★★★	★★	★★★	★	★
냉·난방 관련 설비조작원	★★	★	★★★	★	★★★	★★	★
자동조립라인 및 산업용로봇조작원	★★★★★	★★★★★	★★★★★	★★★★★	★★★★	★★	★
자동차조립원	★★★	★★★	★★★	★★	★★★★★	★★	★
자동차부분품조립원	★★	★★	★★★	★★	★★★	★★	★★
일반기계조립원	★	★★	★★★	★★	★★	★★	★
금속기계부품조립 및 검사원	★★★	★★★	★★★	★★★	★★	★	★★

화학 관련직

직업명	전문가 평점		10년 후 직업 전망		직업지도		
	현재	미래	임금	자기개발 가능성	전체 평균소득 대비 소득	평균 학력	여성 비율
화학공학기술자 및 연구원	★★★★	★★★★	★★★★	★★★	★★★★★	★★★★★	★
석유 및 천연가스 생산직(기계조작)	★★★★★	★★★★★	★★★★★	★★★★★	★★★★★	★★	–
화학물가공 및 생산직(기계조작)	★★★	★★★★	★★★★	★★★	★★★★★	★★	–
화학제품생산직 (기계조작)	★★★★	★★★★	★★★★	★★★	★★★★	★★	★★
타이어 및 고무제품 생산직(기계조작)	★★★	★★	★★	★★★	★★★	★★	★
플라스틱제품생산직 (기계조작)	★★★	★★	★★★	★★	★★	★	★★
고무 및 플라스틱제품조립원	★★	★	★★	★	★	★	★★★★

섬유·의복 관련직

직업명	전문가 평점		10년 후 직업 전망		직업지도		
	현재	미래	임금	자기개발 가능성	전체 평균소득 대비 소득	평균 학력	여성 비율
섬유공학기술자 및 연구원	★★★★	★★★★	★★★	★★★★	★★★	★★★	★★★
섬유생산직(기계조작)	★★	★★	★★	★★	★★	★	★★★
표백 및 염색원(기계조작)	★★★★★	★★★★	★★★★	★★★	★★	★	★
양장 및 양복제조원	★★	★★	★★	★★★	★	★	★★
모피 및 가죽가공 및 검사원(등급원)	★★	★★	★★	★★★			

직업명	전문가 평점		10년 후 직업 전망		직업지도		
	현재	미래	임금	자기개발 가능성	전체 평균소득 대비 소득	평균 학력	여성 비율
패턴사	★★	★	★	★	★★★★	★★	★★
재단사	★★★	★★	★★★	★★★	★★	★	★
신발생산직(기계조작)	★★	★	★★	★★	★	★	★★★

| 전기·전자 관련직 |

직업명	전문가 평점		10년 후 직업 전망		직업지도		
	현재	미래	임금	자기개발 가능성	전체 평균소득 대비 소득	평균 학력	여성 비율
전기공학기술자 및 연구원	★★★★	★★★★	★★★★	★★★	★★★★	★★★★	★
전자공학기술자 및 연구원	★★★★★	★★★★	★★★★	★★★★	★★★★★	★★★★★	★
전기 및 전자시험원	★★★★★	★★★	★★★★	★★★	★★★	★★★	★
산업전공	★★	★★	★★★	★★★	★★★	★★	−
내선전공	★★	★★	★★	★★	★★★	★★	★
외선전공	★	★★	★★★	★★	★★★★	★★	★
PC 및 사무기기 설치 및 수리원	★★★	★★	★	★★★★	★★	★★★	★
발전 및 배전 장치 조작원	★★★★	★★★	★★★	★★★★	★★★★★	★★★	★
전기 및 전자 설비 조작원	★★	★	★★★★	★	★★★	★★	★
전기 부품 및 제품 생산직(기계조작)	★★★★	★★★	★★★	★★★	★★★	★★	★★
전자 부품 및 제품 생산직(기계조작)	★★★★	★★★★	★★★	★★★	★★	★★	★★★
전기 및 전자 부품 및 제품 조립원	★★★	★★★	★★	★★	★	★	★★★★

직업명	전문가 평점		10년 후 직업 전망		직업지도		
	현재	미래	임금	자기개발 가능성	전체 평균소득 대비 소득	평균 학력	여성 비율
컴퓨터하드웨어기술자 및 연구원	★★★★	★★	★★	★★	★★★★★	★★★★★	−
통신공학기술자 및 연구원	★★★★	★★	★★★	★★	★★★★★	★★★★★	★
컴퓨터시스템설계 및 분석가	★★★★★	★★★★	★★★★	★★★★	★★★★★	★★★★★	★★
네트워크시스템분석가 및 개발자 (운영자 제외)	★★★★★	★★★★	★★★★	★★★★	★★★★★	★★★★★	★
컴퓨터시스템 및 네트워크 보안전문가	★★★★★	★★★★★	★★★★★	★★★★★	★★★★	★★★★★	★
시스템소프트웨어개발자	★★★★	★★★	★★★	★★★	★★★★	★★★★★	★
응용소프트웨어개발자 (응용프로그래머)	★★★★	★★★	★★★	★★★	★★★★	★★★★★	★
웹마스터 및 웹개발자 (웹프로그래머)	★★★	★★★	★★	★★★	★★★	★★★★	★
웹 및 멀티미디어 기획자	★★★★	★★★	★★★	★★★	★★★★	★★★★	★★
데이터베이스설계·구축 및 관리 기술자	★★★★★	★★★★	★★★★	★★★★	★★★★	★★★★★	★
정보시스템운영자	★★★	★★	★★	★★★	★★★★	★★★★	★
통신 및 방송송출장비기사	★★★★	★★	★★★	★★★	★★★★★	★★★★	−
방송장비설치 및 수리원	★★★	★★	★★	★★	★★★★	★★★	−
통신 및 관련 장비설치 및 수리원	★	★	★	★			

| 식품가공 관련직 |

직업명	전문가 평점		10년 후 직업 전망		직업지도		
	현재	미래	임금	자기개발 가능성	전체 평균소득 대비 소득	평균 학력	여성 비율
식품공학기술자 및 연구원	★★★★	★★★★★	★★★★	★★★★★	★★★	★★★★★	★★
제빵원 및 제과원	★★★	★★★★★	★★★★	★★★★★	★	★★	★★★
정육원 및 도축원	★★★	★★★	★★★★	★★	★★	★	★★
식품가공 검사원 및 등급원	★★★	★★★★★★	★★★★★★	★★★★★	★★	★★	★★★
육류·어패류·낙농품 가공 및 생산직	★★★	★★	★★★★	★★	★★	★	★★
제분 및 도정 관련 기계조작원	★	★	★	★	★	★	★★★

| 환경·인쇄·목재·가구·공예 및 생산단순직 |

직업명	전문가 평점		10년 후 직업 전망		직업지도		
	현재	미래	임금	자기개발 가능성	전체 평균소득 대비 소득	평균 학력	여성 비율
환경공학기술자 및 연구원	★★★★	★★★★	★★★★	★★★★	★★★★	★★★★★	★
보건위생 및 환경검사원	★★★★	★★★★★	★★★★	★★★★	★★★★	★★★★	★★
에너지공학기술자 및 연구원	★★★★★	★★★★★	★★★★	★★★★★	★★★★★	★★★★★	★
소방공학기술자 및 연구원	★★★	★★★★	★★★	★★★★	★★★	★★★	★
비파괴검사원	★★★★★	★★★★★	★★★★★★	★★★★★	★★★	★★★	–
산업안전 및 위험물 관리원	★★★★	★★★★★	★★★★	★★★★★	★★★★	★★★	–

직업명	현재	미래	임금	자기개발 가능성	전체 평균소득 대비 소득	평균 학력	여성 비율
상·하수도처리 장치 조작원	★★★	★★★	★★★★	★★★	★★★★	★★	–
재활용처리 및 소각로 조작원	★	★★★	★★★	★★★	★★	★★★	★
인쇄기조작원	★★★	★★	★	★★	★★★	★★	★
목재가공 관련 조작원	★★	★	★	★	★	★	★
가구 제조 및 수리원	★★	★★	★★	★★★	★★	★	★
가구조립원	★★	★	★★	★★	★	★	★
목제품 제조 관련 종사원	★★	★	★★	★	★	★	★
공예원	★	★★★	★★★★	★★★★★	★	★★	★★★
귀금속 및 보석세공원	★★	★★★★	★★★★	★★★★	★★	★★	★★
악기제조·수리 및 조율사	★★	★★	★	★★★	★	★	★

| 농림어업 관련직 |

직업명	전문가 평점		10년 후 직업 전망		직업지도		
	현재	미래	임금	자기개발 가능성	전체 평균소득 대비 소득	평균 학력	여성 비율
곡식작물재배원	★	★	★	★	★	★	★★★
채소 및 특용작물 재배원	★	★	★	★	★	★	★★★
과수작물재배원	★★★★	★	★	★	★	★	★★★
원예작물재배원	★★★★	★★★	★★★	★★★	★	★	★★
사육사 및 조련사	★★★★	★★★★★	★★★★★	★★★★★	★★★	★	★★

252

6. 각 계열별 관련 학과 및 세부 학과

계열별 학과 및 대학 명칭은 매년 입시학원에서 발간되는 수학능력평가 정시모집 점수별 배치표를 참조(2010비상, 2011비상, 2012비상, 2013비상, 2014청솔, 2015비상)하여 작성한 것이다. 따라서 일부 4년제 학과의 경우 학과의 신설 또는 통합으로 인한 명칭 변경이 있을 수 있다. 동 자료 작성에 고려된 대학은 가톨릭대, 건국대, 경북대, 경희대, 고려대, 국민대, 동국대, 부산대, 서강대, 서울과학기술대, 서울대, 서울시립대, 성균관대, 세종대, 숭실대, 아주대, 연세대, 영남대, 이화여대, 인하대, 전남대, 전북대, 중앙대, 충남대, 충북대, 한국외대, 한양대 등이다. 앞서 제시한 자료에 없는 소분류(*표시된 부분)상의 학과의 경우 한국직업능력개발원에서 발간된 《미래의 직업세계 2009 학과편(2009)》을 참고하여 작성하였음을 밝혀 둔다.

| 인문계열 |

중분류	소분류	학과명
언어 · 문학	언어학	언어정보학과(부산대)
	국어 · 국문학	국어국문학과(건국대, 경북대, 경희대, 국민대, 동국대, 부산대, 서울시립대, 세종대, 숭실대, 아주대, 연세대, 영남대, 전남대, 전북대, 중앙대, 충북대, 한양대), **문예창작학과**(서울과학기술대), **한국어학과**(경희대(국제)), **한국언어문학학과**(한양대(에리카))
	일본어 · 문학	**일본어학과**(경희대(국제)), **일본언어문화학과**(한양대(에리카)), **일어일문학과**(경북대, 동국대, 부산대, 세종대, 숭실대, 영남대, 전남대, 전북대, 중앙대), **일어일본학과**(숭실대)
	중국어 · 문학	**아시아문화학부**(중앙대), **중국어학과**(경희대(국제)), **중국어문화학과**(서울시립대), **중어중문학과**(건국대, 경북대, 국민대, 동국대, 부산대, 숭실대, 연세대, 전남대, 전북대, 충북대, 한양대), **한문학과**(경북대, 부산대)
	기타 아시아어 · 문학	**동아시아언어문화학부**(가톨릭대), **동양어문학부**(인하대), **말레이인도네시아어학과**(한국외대), **몽골어학과**(한국외대), **베트남어학과**(한국외대), **아랍어학과**(한국외대), **이란어학과**(한국외대), **인도어학과**(한국외대), **태국어학과**(한국외대)
	영미어 · 문학	**글로벌커뮤니케이션학부**(경희대(국제)), **영미어학부**(경희대(국제)), **영미언어문화학과**(한양대(에리카)), **영미언어문화학부**(가톨릭대), **영어영문학과**(건국대, 경북대, 경희대, 국민대, 동국대, 부산대, 서울시립대, 세종대, 숭실대, 아주대, 연세대, 영남대, 전남대, 전북대, 중앙대, 충북대, 한국외대, 한양대), **영어학과**(서울과학기술대, 전남대, 한국외대), **영어통번역학과**(한국외대)

	독일어 · 문학	독어독문학과(경북대, 부산대, 숭실대, 연세대, 영남대, 전북대, 중앙대, 충북대, 한양대), 독일어학과(한국외대), 독일언어문화학과(전남대)
	러시아어 · 문학	노어노문학과(경북대, 부산대, 연세대, 충북대), 노어학과(한국외대), 러시아어학과(경희대(국제)),
	스페인어 · 문학	스페인어학과(경희대(국제), 한국외대), 스페인어 · 중남미어문과(전북대)
	프랑스어 · 문학	불어불문학과(경북대, 부산대, 숭실대, 아주대, 연세대, 영남대, 전남대, 중앙대, 충북대), 프랑스어학과(가톨릭대, 경희대(국제), 한국외대), 프랑스어문화학과(가톨릭대), 프랑스언어 · 문화학과(한양대(에리카))
	기타 유럽어 · 문학	네덜란드어과(한국외대), 서양어문학부(인하대), 스칸디나비아어과(한국외대), 유럽문화학부(중앙대), 이탈리아어과(한국외대), 포르투갈어학과어(한국외대)
	교양어 · 문학	국제어문학부(고려대), 국제언어문화학부(인하대)
인문 과학	문헌정보학	문헌정보학과(경북대, 부산대, 연세대, 전남대, 전북대, 중앙대)
	문화 · 민속 · 미술사학	고고인류학과(경북대), 고고문화인류학과(전북대), 고고미술사학과(충북대), 국제문화계II(서강대), 문화인류학과(연세대, 영남대, 한양대(에리카)), 문화콘텐츠학과(건국대, 아주대, 한양대(에리카), 인하대), 문화콘텐츠학부(전남대(여수)), 민속학과(중앙대), 인류학과(전남대), 인류지리학과군(서울대)
	심리학	산업심리학과(서울시립대), 심리학과(경북대, 부산대, 연세대, 영남대, 전남대, 전북대, 중앙대, 충북대)
	역사 · 고고학	고고학과(부산대), 국사학과(국민대, 서울시립대, 영남대), 역사학과(세종대, 중앙대), 사학과(건국대, 경북대, 경희대, 동국대, 부산대, 숭실대, 아주대, 연세대, 영남대, 전남대, 전북대, 충북대, 한양대)
	종교학	기독교학과(숭실대), 기독교학부(이화여대), 불교학부(동국대), 신학과(가톨릭대), 종교학과(가톨릭대), 신학과(연세대)
	국제지역학	국제한국학계(서강대), 동아시아문화계(서강대), 북한학과(동국대), 영미문화계(서강대), 일본학과(전남대), 중국학과(세종대, 한양대(에리카)), 일본학부(한국외대), 중국학부(한국외대), 프랑스학과(전북대)
	철학 · 윤리학	철학과(건국대, 경북대, 경희대, 동국대, 부산대, 서울시립대, 숭실대, 연세대, 영남대, 전남대, 전북대, 중앙대, 충북대, 한양대), 철학윤리문화학부(동국대)
	교양인문학	국제문화계II(서강대), 스크랜튼학부(이화여대), 인문사회자율전공(경북대), 인문학부(가톨릭대, 고려대, 아주대, 인하대), 인문계열(서울대), 인문과학계열(성균관대), 인문과학부(이화여대), 인문자율전공학부 항공운항계열(영남대), 자율전공학부(건국대, 영남대, 전남대, 전북대, 충북대), 자율전공(경희대), 자유전공학부(고려대, 서울대, 서울시립대, 세종대, 한국외대), 자유전공학과(성균관대, 아주대, 연세대)

| 사회계열 |

중분류	소분류	학과명
경영·경제	경영학	경영학부(가톨릭대, 경북대, 경희대, 국민대, 동국대, 서강대, 서울시립대, 성균관대, 세종대, 숭실대, 아주대, 영남대, 인하대, 이화여대, 전남대, 전북대, 중앙대, 충북대, 한국외대, 한양대), 경영학과(부산대, 서울과학기술대, 연세대), 경영·경영정보학부(건국대), 경영정보학부(국민대), 경영정보학과(충북대), 경영분석·통계전공(국민대), 관광컨벤션학과(부산대), Art&Technology(서강대), 국제경영학과(한양대(에리카)), 글로벌테크노경영전공(서울과학기술대), 경영대학(서울대, 고려대), 글로벌경영(성균관대), 글로벌리더학부(성균관대), 글로벌인재학부(경북대), 기술경영학과(건국대), 벤처중소기업학과(숭실대), e-비즈니스학부(아주대), 병원경영학과(영남대), 외식산업학과(영남대), 파이낸스경영학과(한양대), 호텔관광경영학부(세종대), 호텔관광외식경영학부(세종대)
	경제학	경제학과(경희대, 국민대, 동국대, 숭실대, 충북대, 한국외대), 경제학부(부산대, 서강대, 서울시립대, 연세대, 인하대, 전남대, 전북대, 중앙대, 한양대(에리카)), 글로벌경제학과(성균관대), 경제금융학부(연세대, 한양대), 농업경제학과(경북대, 부산대, 전남대, 전북대, 충북대), 농경제사회학부(서울대)
	관광학	관광학부(경희대, 한양대), Hospitality학부(경희대)
	광고·홍보학	광고홍보학과(동국대, 중앙대, 한양대(에리카)), 언론홍보학과(숭실대), 언론홍보영상학부(연세대, 이화여대)
	금융·회계·세무학	금융경제학과(숭실대), 금융학부(숭실대), 금융공학부(아주대), 글로벌금융학부(인하대), 경영학부글로벌금융(중앙대), 보험계리학과(한양대(에리카)), 세무학과(서울시립대), 회계세무학과(경희대, 숭실대), 회계학과(숭실대)
	무역·유통학	국제통상학과(국민대, 동국대, 숭실대, 한국외대), 국제통상학부(영남대, 인하대), 국제상거래학과(숭실대), 국제물류학과(중앙대(서울/안성)), 경제통상학부(경북대, 세종대), 동북아문화산업학부(서울시립대), 동북아통상학부(서울시립대), 무역학과(경희대, 전북대), 무역학부(부산대), 무역·국제학부(부산대), 중국통상학과(세종대), 아태물류학부(인하대),
	교양경상학	경상학부(전남대(여수)), 상경대학(건국대)
법률	법학	국제법무학과(숭실대), 법정경학부(가톨릭대), 법학부(가톨릭대, 국민대, 동국대, 서울시립대, 숭실대), 법학(숭실대)
사회과학	가족·사회·복지학	보건복지학부(경북대(상주)), 사회복지학과(경북대, 동국대, 부산대, 서울시립대, 숭실대, 연세대, 전북대, 중앙대), 생활환경복지학과(전남대), 아동학부(경북대), 아동학과(전북대), 아동복지학과(중앙대, 충북대), 지역 및 복지행정학과(영남대), 청소년학과(중앙대)
	국제학	국제관계(서울시립대), 국제학과(경희대(국제)), 국제학부(가톨릭대, 고려대, 국민대, 이화여대, 전남대(여수), 전북대, 한국외대, 한양대), 정치국제학과(중앙대), KMU International School(국민대), EU문화계(서강대)
	도시·지역학	지역개발학과(전남대)

	사회학	도시사회학과(서울시립대), 사회학과(경북대, 경희대, 국민대, 동국대, 부산대, 연세대, 영남대, 전남대, 전북대, 중앙대, 충북대), 사회생활학과(이화여대), 정보사회학(숭실대, 한양대(에리카))
	언론·방송·매체학	디지털미디어학부(가톨릭대), 미디어커뮤니케이션학부(한국외대), 미디어학부(고려대, 아주대), 소셜미디어전공(아주대), 신문방송학과(경북대, 동국대, 부산대, 세종대, 전남대, 전북대, 중앙대, 한양대(에리카)), 언론정보학과(경희대, 영남대), 언론정보학부(국민대, 언론정보학부), 정보보호학과(세종대), 커뮤니케이션학부(서강대)
사회과학	정치외교학	군사학과(영남대), 정치대학(건국대), 정치외교학과(경북대, 경희대, 국민대, 동국대, 부산대, 숭실대, 연세대, 전남대, 전북대, 충북대, 한국외대)
	행정학	경찰행정학과(동국대), 공공정책학부(부산대), 국제사무학과(이화여대), 도시행정학과(서울시립대), 보건행정학과(고려대), 행정학부(경북대, 숭실대), 정책학과(한양대), 행정(경희대, 동국대, 부산대, 서울과학기술대, 서울시립대, 세종대, 연세대, 영남대, 전남대, 전북대, 충남대, 충북대, 한국외대), 행정정책학부(국민대), 해양경찰학과(전남대(여수))
	교양사회과학	공공인재학부(중앙대), 사회과학부(가톨릭대, 경희대, 서강대, 아주대, 이화여대, 인하대, 한양대), 사회과학계열(서울대, 성균관대), 정경학부(가톨릭대), 정경대학(고려대), 정경계열(중앙대), 천마인재학부(영남대)

| 교육계열 |

중분류	소분류	학과명
교육일반	교육학	교육학과(경북대, 고려대, 국민대, 동국대, 서울대, 성균관대, 세종대, 연세대, 영남대, 이화여대, 인하대, 전남대, 전북대, 중앙대, 충북대, 한양대), 교육공학과(건국대, 고려대, 동국대, 이화여대, 한양대), 교육학·윤리교육과군(서울대), 사범계열(성균관대), 평생교육학과(숭실대), 프랑스어교육학과(한국외대)
유아교육	유아교육학	유아교육학과(부산대, 영남대, 이화여대, 전남대, 중앙대)
특수교육	특수교육학	특수교육학과(가톨릭대, 부산대, 이화여대, 전남대(여수))
초등교육	초등교육학	초등교육학과(이화여대)
중등교육	언어교육	국어교육학과(경북대, 고려대, 동국대, 부산대, 서울대, 영남대, 이화여대, 인하대, 전남대, 전북대, 충북대), 독어교육학과(경북대, 부산대, 전북대, 한양대), 불어교육학과(경북대, 부산대), 영어교육학과(건국대, 경북대, 고려대, 부산대, 영남대, 이화여대, 인하대, 전남대, 전북대, 중앙대, 충북대, 한국외대, 한양대), 일어교육학과(건국대), 외국어교육계열(서울대), 한국어교육학과(한국외대), 한문교육학과(성균관대, 영남대)
	인문교육	윤리교육학과(경북대, 부산대, 서울대, 전남대, 전북대, 충북대)
	사회교육	사회교육계열(서울대), 사회교육학과(이화여대, 인하대, 전남대, 충북대), 사회교육학부(전북대), 역사교육학과(경북대, 고려대, 동국대, 부산대, 전남대, 전북대, 충북대), 일반사회교육학과(경북대, 전북대), 지리교육학과(경북대, 고려대, 동국대, 부산대, 전남대, 충북대)

	공학교육	컴퓨터교육학과(고려대, 성균관대, 이화여대, 충북대)
	자연계교육	수학교육학과(건국대, 고려대 동국대, 부산대, 서울대, 성균관대, 영남대, 이화여대, 인하대, 전남대, 전북대, 충북대, 한양대), 물리교육학과(경북대, 부산대, 이화여대, 전남대, 전북대, 충북대), 화학교육학과(경북대, 부산대, 이화여대, 전남대, 전북대, 충북대), 생물교육학과(경북대, 부산대, 이화여대, 전남대, 전북대, 충북대), 지구과학교육학과(경북대, 부산대, 이화여대, 전남대, 전북대, 충북대), 가정교육학과(경북대, 고려대, 동국대, 전남대, 중앙대), 기술가정교육학과(이화여대), 과학교육계열(서울대), 환경교육학과(이화여대)
	예체능교육*	미술교육학과, 보건교육학과, 음악교육학과, 체육교육과

| 공학계열 |

중분류	소분류	학과명
건축	건축 · 설비공학	건설방재공학부(경북대(상주)), 건축공학과(경희대(국제), 부산대, 서울과학기술대, 서울시립대, 연세대, 전북대, 중앙대, 충북대), 건축공학부(동국대, 세종대, 한양대), 건축도시공학부(연세대), 건축도시환경공학부(경북대(상주)), 건축토목공학부(경북대)
	건축학	건축학과(경북대, 경희대, 고려대, 부산대, 서울과학기술대, 서울대, 서울시립대, 성균관대, 아주대, 중앙대, 충북대), 건축학부(건국대, 국민대, 숭실대, 영남대, 이화여대, 인하대, 전남대(여수), 한양대(에리카)), 건축·사회환경공학부(고려대), 실내건축(연세대)
	조경학	조경학과(경북대, 부산대, 서울시립대, 영남대, 전남대, 전북대)
토목 · 도시	토목공학	건설공학부(서울과학기술대), 건설시스템공학부(국민대, 아주대, 영남대), 건설시스템디자인공학과(서울과학기술대), 건설환경공학부(서울대, 전남대(여수)), 건설환경공학과(동국대, 세종대, 중앙대, 한양대, 한양대(에리카)), 건설환경플랜트공학과(한양대(에리카)), 농업토목공(경북대), 지역건설공학과(전북대, 충북대), 토목환경공학과(세종대), 토목공학과(건국대, 경북대(상주), 경희대(국제), 부산대, 서울시립대, 전남대, 전북대), 토목공학부(충북대), 환경건설교통공학부(아주대),
	도시공학	도시공학과(부산대, 서울시립대, 연세대, 영남대, 전북대, 중앙대, 충북대, 한양대)
교통 · 운송	지상교통공학	교통공학과(서울시립대, 한양대(에리카)), 교통물류공학과(한양대(에리카)), 교통시스템공학과(아주대학교)
	항공학	기계항공공학부(서울대), 기계항공우주공학부(세종대), 항공우주공학과(부산대, 전북대), 항공우주정보시스템공학과(건국대), 항공조선산업공학부(인하대)
	해양공학	조선해양공학과(부산대), 해양기술학부(전남대(여수)), 해양시스템과학(부산대), 해양융합과학(한양대(에리카)), 해양토목공학과(전남대(여수)), 해양학과(경북대(상주), 부산대)

기계 · 금속	기계공학	기계공학과(경희대(국제), 서울과학기술대, 숭실대, 아주대, 전북대), 기계공학부(건국대, 경북대, 고려대, 부산대, 연세대, 영남대, 인하대, 전남대, 중앙대, 충북대, 한양대), 기계공학계(서강대), 기계설계공학부(전남대(여수)), 기계시스템공학부(국민대, 전남대, 전북대), 기계시스템디자인공학과(서울과학기술대), 기계자동차공학과(서울과학기술대, 한양대(에리카)), 기계자동차공학부(경북대(상주), 전북대), 기계정보공학과(서울시립대), 나노바이오기계시스템공학과(전북대), 바이오산업기계공학과(부산대), 전남대(여수)), 정밀기계공학과(경북대(상주), 제품설계금형공학과(서울과학기술대)
	금속공학	금속시스템공학과(전북대)
	자동차공학	미래자동차공학과(한양대), 자동차공학부(경북대(상주), 자동차공학과(국민대, 서울과학기술대)
전기 · 전자	전기공학	전기공학과(건국대, 경북대, 부산대, 서울과학기술대, 영남대, 전남대, 전북대), 전기공학부(숭실대, 충북대), 전기공학부·컴퓨터공학부군(서울대), 전기정보공학과(서울과학기술대), 전기정보시스템공학과(서울과학기술대), 전기생체공학부(한양대)
	전자공학	산업전자공학과(경북대(상주)), 산업전자전기공학부(경북대(상주)), 융합전자공학부(한양대), 전자공학부(건국대, 경북대, 국민대, 전북대, 충북대), 전자공학과(부산대, 세종대, 아주대, 영남대, 이화여대), 전자공학계(서강대), 전기정보공학부(서울대), 전자전기컴퓨터공학부(서울시립대, 성균관대), 전자전파공학과(경희대(국제)), 전기전자전파공학부(고려대), 전자전기공학부(동국대, 부산대, 연세대, 중앙대), 컴퓨터전자공학부(이화여대), 전자컴퓨터공학부(전남대), 전자시스템공학과(한양대(에리카))
	제어계측 공학	제어계측공학과(서울과학기술대)
정밀 · 에너지	광학공학	광전자공학과(세종대), 안경광학과(서울과학기술대)
	에너지공학	기계로봇에너지공학과(동국대), 바이오환경에너지학과(부산대), 바이오에너지공학과(전남대), 에너지공학부(경북대), 에너지공학과(한양대), 원자력공학과(경희대(국제), 세종대, 한양대), 에너지시스템학부(중앙대(서울/안성)), 에너지자원공학과(세종대, 인하대, 전남대), 환경에너지공학과(전남대), 환경에너지융합학과(세종대)
소재 · 재료	반도체· 세라믹공학	물리반도체과학부(동국대), 반도체시스템공학과(성균관대), 반도체과학기술학과(전북대)
	섬유공학	고분자·섬유시스템공학과(전남대), 산업섬유공학과(건국대학교), 섬유소재시스템공학과(전북대), 섬유시스템공학과(경북대), 섬유패션학부(영남대), 융합섬유공학과(영남대)
	신소재공학	나노소재공학부(경북대(상주)), 나노소재공학과(부산대), 나노신소재공학부(세종대), 나노응용공학과(부산대), 바이오섬유소재학과(경북대), 식물·환경신소재공학과(경희대(국제)), 신소재공학부(경북대, 고려대, 국민대, 연세대, 영남대, 인하대, 전남대, 충북대, 한양대), 신소재공학과(서울시립대, 아주대), 유기소재시스템공학과(부산대), 융합에너지신소재공학과(동국대), 유기신소재파이버공학과(숭실대), 융합신소재공학과(건국대), 정보전자신소재공학과(경희대(국제)), 화학신소재공학부(중앙대)

	재료공학	나노융합공학과(부산대), 유기소재파이버공학과(전북대), 융합기술공학과(전북대), 융복합시스템공학과(경북대(상주)), 전자재료공(전북대), 재료공학과(한양대(에리카)), 재료공학부(부산대, 서울대)
컴퓨터 · 통신	전산학 · 컴퓨터 공학	컴퓨터공학부(건국대, 국민대, 전북대, 한양대, 한양대(에리카)), 컴퓨터공학과(경희대(국제), 동국대, 서울과학기술대, 서울대, 세종대, 아주대, 영남대, 이화여대, 충남대), 컴퓨터학부(경북대, 부산대), 컴퓨터학과(한양대), 컴퓨터공학계(서강대), 컴퓨터과학부(서울시립대), 컴퓨터과학과(연세대), 컴퓨터시스템공학과(전북대), 멀티미디어학과(동국대), 멀티미디어공학과(동국대), 디지털콘텐츠(세종대)
	응용 소프트웨어 공학	모바일공학과(경북대), 매체공학과(서울과학기술대), 소프트웨어학과(성균관대, 충북대, 한양대), 소프트웨어공학과(전북대), 소프트웨어보안학과(아주대), 소프트웨어융합(아주대), 소프트콘텐츠(아주대)
	정보 · 통신공학	디지털정보융합(충북대), 사이버국방(고려대), 인터넷미디어공학부(건국대), 전기·전자통신·컴퓨터공학부(전남대(여수)), 전자전기공학계열(인하대), 전자정보공학과(서울과학기술대), 전자통신공학과(한양대(에리카)), 전자미디어공학과(서울과학기술대), 정보공학계열(인하대), 정보경영공학부(고려대), 정보소재공학과(전북대), 정보통신공학과(동국대, 부산대, 세종대, 숭실대, 영남대, 인하대, 충북대), 정보통신대학(고려대), 정보통신전자공학부(가톨릭대, 숭실대), 정보컴퓨터공학부(아주대), 정보컴퓨터공학부(부산대), 컴퓨터정보공학부(가톨릭대, 연세대, 인하대), 컴퓨터정보공학부(경북대(상주)), IT응용공학과(부산대), IT Management전공(서울과학기술대), IT응용시스템공학과(전북대), IT정보공학과(전북대)
산업	산업공학	사업기반시스템공학부(경희대(국제)), 사회기반시스템공학부(인하대, 전북대, 중앙대), 산업공학과(건국대, 부산대, 아주대, 전남대, 한양대), 산업기계공학과(경북대(상주)), 산업경영공학과(경희대(국제), 고려대, 한양대(에리카)), 산업시스템공학과(동국대), 산업정보시스템공학과(서울과학기술대, 숭실대, 아주대, 전북대), 정보산업공학과(연세대)
화공	화학공학	고분자공학과(경북대, 부산대, 전북대), 공업화학(충북대), 디스플레이화학공학부(영남대), 응용화학공학부(전남대), 응용화공생명공학부(한양대), 화학공학과(건국대, 경북대, 경희대(국제), 서울과학기술대, 서울시립대, 숭실대, 아주대, 영남대, 전북대, 충북대, 한양대(에리카)), 화공생명공학과(고려대, 부산대, 서강대, 서울과학기술대, 전남대(여수)), 화공생명공학부(연세대, 한양대), 화공생물공학과(동국대), 화공신소재공학부(아주대)
기타	기전공학	기계설계자공학부(서울과학기술대), 나노메카트로닉스공학과(부산대), 로봇공학과(한양대(에리카))
	응용공학	안전공학과(서울과학기술대, 충북대), 냉동공조공학과(전남대(여수))
	교양공학	공학계열(서울대, 성균관대), 융합공학부(중앙대), 자율전공학부(전남대)

| 자연계열 |

중분류	소분류	학과명
농림 · 수산	농업학	바이오시스템공학과(충북대), 천연섬유(경북대), 축산식품공학과(건국대), 축산학과(경북대(상주), 충북대), 축산공학전공(경북대(상주))
	수산학*	해양학과, 해양생산학과, 해양생명의학과, 해양자원과, 양식학과, 수산가공학과
	산림 · 원예학	목재응용과학과(전북대), 목재·종이과학과(충북대), 산림과학부(서울대), 산림환경과학(전북대), 산림학과(충북대), 원예과학과(경북대, 충북대), 원예생명공학과(경희대(국제)), 원예생명과학과(부산대, 영남대), 임학·임산공학과군(경북대), 원예학과(영남대, 전북대), 환경원예학과(서울시립대)
생물 · 화학 · 환경	생명과학	나노메디컬공학과(부산대), 농생명공학계열(서울대), 동물생명공학과(건국대, 전북대), 동물생명과학부(건국대), 바이오메디컬공학과(전북대, 부산대), 바이오시스템·소재학부(서울대), 바이오시스템·조경학계열(서울대), 바이오자원공학전공/분자생물학부(세종대), 바이오산업공학과(건국대), 바이오나노학부(아주대), 분자생명과학부(이화여대, 한양대(에리카)), 생명공학부(세종대, 연세대, 영남대, 전북대), 생명해양과학부(인하대), 생명과학과(가톨릭대, 건국대, 동국대, 부산대, 서울시립대, 아주대, 영남대, 전북대, 중앙대, 한양대), 생명과학부(경북대, 고려대, 서울대), 생명과학기술학부(전남대), 생명과학특성학부(건국대), 생명나노화학과(국민대), 생명나노공학과(한양대(에리카)), 생명산업공학과(전남대(여수)), 생명화학과(아주대), 생명화학공학부(인하대, 전남대(여수)), 생명환경공학부(가톨릭대), 생명환경화학과(부산대, 전북대), 생물산업기계공학과(전북대, 경북대), 생체의공(고려대), 식물생명과학(부산대), 식물생명공학부(전남대), 식품·동물생명공학부(서울대), 수산생명의학(전남대(여수)), 임산생명공학과(국민대), 응용생명과학부(건국대, 경북대), 응용화학생명공학부(아주대), 의생명공학과(동국대), 의생명시스템학부(숭실대), 유기재료공학과(영남대), 작물생명과학(전북대), 지역·바이오시스템공학과(전남대), 화학생물공학부(건국대, 서울대)
	생물학	농생물학과(전북대), 미생물학과(부산대, 충남대), 바이오소재과학(부산대), 분자생물학과(부산대, 세종대, 전북대), 생물공학과(건국대, 전남대), 생물과학부(전북대), 생물학과(경희대, 연세대, 영남대, 전남대, 충남대), 생물환경화학과(전북대), 생화학과(연세대, 충남대), 생태자원응용학부(경북대(상주)), 시스템생물학과(연세대), 식물의학과(충남대), 식물생산·산림과학부군(서울대), 응용생물과학(건국대), 응용생물공학부(전남대), 응용생물화학부(서울대)
	동물 · 수의학	동물생명자원과학(부산대), 말/특수동물(경북대(상주)), 수의예과(건국대, 경북대, 서울대, 전남대, 전북대, 충북대)
	자원학	동물소재공학과(전북대), 동물자원과학(건국대, 전북대), 동물자원학부(전남대), 산림자원학부(전남대), 산림자원학과(영남대, 전북대), 생명자원유통경제(전북대), 식물생산과학부(서울대), 식물자원(충북대), 식품자원경제(고려대, 영남대), 자원·에너지공학과(전북대), 자원환경공학과(한양대), 특용식물(충북대), 특용식품(충북대), 한방재료가공(경희대(국제)), 한약자원(전북대)

	화학	농화학(충북대), 응용화학과(경북대. 경희대. 한양대(에리카)), 정밀화학(서울과학기술대), 특성화학부(건국대), 화학과(건국대. 경북대. 경희대. 동국대. 부산대. 세종대. 숭실대. 아주대. 연세대. 영남대. 전남대. 전북대. 중앙대. 충북대. 한양대), 화학부(서울대), 환경생명화학(충북대), 환경시스템학부(건국대)
	환경학	녹지환경계획학과(건국대), 바이오환경과학(동국대), 사회환경시스템공학과(건국대. 동국대), 사회환경시스템공학부(부산대. 연세대), 산림환경시스템(국민대), 생태관광학과(경북대(상주)), 생태조경디자인(전북대), 생태환경관광학부(경북대(상주)), 생태환경보전관광학부(경북대(상주)), 생태환경시스템학부(경북대(상주)), 지구환경공학부(서울대), 지구환경과학부(전남대), 지구환경과학과(전북대. 충북대), 지역환경시스템공학과(부산대), 조경·지역시스템공학부(서울대), 환경조경디자인(전북대), 환경공학과(건국대. 경북대. 부산대. 서울과학기술대. 아주대. 영남대. 전남대. 전북대. 충북대), 환경공학부(서울시립대), 환경화학공학과(숭실대), 환경시스템공학과(전남대(여수)), 환경·식품공학부(이화여대), 환경학및환경공학과(경희대(국제)), 환경생태공학부(고려대)
생활과학	가정관리학	가족주거학과(영남대), 소비자아동학부(서울대), 소비자학과(충북대) 아동가족학과(경북대. 경희대. 부산대. 연세대), 주거환경학과(경희대. 부산대. 연세대. 전북대. 충북대)
	식품영양학	바이오식품공학과(전북대(익산)), 발효융합학과(국민대), 생명자원식품공학과(건국대), 식품공학과(경희대(국제). 고려대. 부산대. 서울과학기술대. 전북대. 충북대), 식품공학부(경북대. 세종대. 영남대), 식품과학부(경북대(상주)), 식품공학영양학부(전남대(여수)), 식품생명공학과(경희대(국제). 동국대), 식품생명공학부(전남대), 식품산업관리(동국대), 식품영양학과(경북대. 경희대. 국민대. 부산대. 서울대. 연세대. 영남대. 이화여대. 전남대. 전북대. 충북대. 한양대), 식품외식산업(경북대(상주)), 식품학부(영남대), 영양식품과학(경북대(상주)), 해양바이오식품(전남대(여수))
	의류·의상학	의류학과(경북대. 부산대. 서울대. 이화여대. 전남대. 전북대. 한양대), 의류패션학과(영남대), 의류환경학과(이화여대. 연세대), 의상학과(경희대. 성균관대)
	교양생활과학	생활과학부(가톨릭대. 인하대. 한양대), 의류·식품영양학과(서울대)
수학·물리·천문·지리	수학	수학과(건국대. 경북대. 경희대. 국민대. 동국대. 부산대. 서울시립대. 숭실대. 아주대. 연세대. 영남대. 전남대. 전북대. 중앙대. 충북대. 한양대), 응용수학과(경희대(국제), 전남대(여수). 한양대(에리카)), 수리과학부(서울대), 수리물리과학부(이화여대)
	통계학	수학통계학부(세종대. 인하대. 중앙대), 응용통계학과(연세대. 중앙대), 정보통계·보험수리학과(숭실대), 정보통계학과(충북대), 통계학과(경북대. 동국대. 부산대. 서울시립대. 영남대. 전남대. 전북대), 통계정보과학과(전북대)
	물리·과학	과학기술학부(한양대(에리카)), 과학학과(전북대), 나노시스템공학부(인하대), 나노전자물리학과(국민대), 물리학부(건국대), 물리학과(경북대. 경희대. 동국대. 부산대. 서울시립대. 세종대. 숭실대. 연세대. 영남대. 전남대. 전북대. 중앙대. 충북대. 한양대), 물리및에너지학부(경북대), 물리천문학부(서울대. 세종대), 물리화학부(인하대), 유기나노공학과(한양대), 유기나노시스템공학과(건국대), 응용물리학과(경희대(국제). 한양대(에리카)), 정보디스플레이학과(경희대)

중분류	소분류	학과명
	천문 · 기상학	대기과학과(연세대), 대기환경과학(부산대), 우주과학(경희대(국제)), 천문대기과학과(경북대), 천문우주(세종대, 연세대, 충북대)
	지구 · 지리학	공간정보공학과(서울시립대, 세종대), 지구정보공학과(세종대), 지구시스템과학과(연세대), 지리학과(건국대, 경북대, 경희대, 전남대), 지질학과(경북대), 지질환경과학과(부산대)
	교양자연 과학	수리과학부·통계학과군(서울대), 약과학(경희대), 이과대학(고려대), 자연과학부(가톨릭대, 서강대, 아주대, 한양대), 자연과학자율전공(경북대), 자연과학계열(성균관대, 인하대), 자유전공학부(서울대, 아주대, 이화여대), 자율전공학부(건국대, 영남대, 전남대, 전북대, 충북대)

| 의약계열 |

중분류	소분류	학과명
의료	의학	기초의과학부(인하대), 동서의과학과(경희대(국제)), 의예과(고려대, 서울대, 성균관대, 연세대, 영남대, 전남대, 충북대, 한양대), 의학부(아주대, 중앙대)
	치의학	치위생학과(경북대(상주)), 치의예과(연세대)
	한의학	한의예과(경희대)
간호	간호학	간호학과(가톨릭대, 경북대, 경희대, 고려대, 부산대, 서울대, 아주대, 연세대, 이화여대, 인하대, 전남대, 전북대, 중앙대, 충북대, 한양대), 간호과학부(이화여대)
약학	약학	한약학과(경희대)
치료 · 보건	보건학	방사선학과(고려대), 보건과학부(고려대), 보건관리(이화여대), 보건환경과학과(건국대), 임상병리학과(고려대)
	재활학	물리치료학과(고려대)
	의료공학	동서의료공학과(경희대(국제)), 의공학과(전남대(여수)), 치기공학과(고려대)

| 예체능계열 |

중분류	소분류	학과명
디자인	디자인일반	섬유패션디자인학부(경북대(상주)), 의상디자인학과(건국대), 패션디자인정보과(충북대)
	산업디자인	생활디자인학과(연세대), 실내건축디자인학과(한양대), 커뮤니케이션과(건국대)
	시각디자인*	시각디자인과, 시각디자인학과, 시각멀티미디어디자인과
	패션디자인*	복식디자인전공, 의상디자인학과, 패션공학과

262

응용예술	공예*	공예과, 금속공예과, 도예과, 도예·유리과, 도자공예학과, 목조형가구학과, 전통공예과, 칠예과
	사진·만화*	사진학과, 사진영상학과, 사진예술학과, 만화애니매이션학과, 만화학과, 애니메이션학과, 만화예술학과, 영상만화학과
	영상·예술	미디어영상학부(서울시립대), 영상학과(성균관대)
무용·체육	무용*	무용예술학과, 민속무용학과, 생활무용예술학과, 한국무용학과
	체육*	건강관리학과, 경기지도학과, 경호경비학과, 레저개발학과, 운동처방학과
미술·조형	순수미술*	동양학과, 미술학과, 서양화과, 회화학과, 전통종교미술학과
	응용미술*	산업미술학과, 섬유미술학과, 응용미술학과
	조형*	조소학과, 조형미술학과, 캐릭터조형학과, 환경조형학과
연극·영화	연극·영화	영화전공(건국대)
음악	음악학*	음악과, 음악학과
	국악*	국악과, 음악과, 음악학과
	기악*	기악과, 관현악과, 타악연희과, 피아노학과
	성악*	성악과, 성악학과
	작곡*	작곡과, 작곡전공, 작곡학과
	기타 음악*	교회음악과, 종교음악학과, 지휘과 등

문·이과 선택에서 유망 학과 결정까지

좋아하는 과목으로 진로를 찾아라

1판 1쇄 2015년 7월 20일
2판 1쇄 2023년 1월 5일

지은이 김상호
펴낸이 정연금
펴낸곳 멘토르

등   록 2004년12월30일 제302-2004-00081호
주   소 서울시 광진구 능동로 331 2층
전   화 02-706-0911
팩   스 02-706-0913
ISBN 978-89-6305-708-8 (43300)

※ 노란우산은 (주)멘토르출판사의 아동 및 자녀교육 출판 전문 브랜드입니다.
※ 책값은 뒤표지에 있습니다.
※ 잘못 만들어진 책은 구입한 곳에서 바꾸어 드립니다.

멘토르출판사와 노란우산은 여러분의 참신한 아이디어와 소중한 원고를 기다리고 있습니다.
좋은 기획안 또는 원고가 있는 분은 mentorbooks@naver.com으로 보내주십시오.